Heinrich Bedford-Strohm

FUNKENFLUG – GLAUBE NEU ENTFACHT

Heinrich Bedford-Strohm

FUNKENFLUG – GLAUBE NEU ENTFACHT

adeo

MEINER FRAU DEBORAH IN GROSSER DANKBARKEIT

INHALT

FUNKEN AM NACHTHIMMEL. Ein Feuer hat etwas Anziehendes. Wer in der Dunkelheit von weitem ein Feuer brennen sieht, verspürt einen unweigerlichen Drang, näher zu kommen. Wo ein Feuer brennt, sind Menschen. Wo sie um ein Feuer herumsitzen, spüren sie Gemeinschaft und können sich wärmen, wenn es kalt ist. Ein Feuer ist in ständiger Bewegung, Funken fliegen.

Die Erfahrung, um ein Feuer herumzusitzen, habe ich zu vielen Gelegenheiten gemacht. Das Osterfeuer aber ist und bleibt jedes Mal etwas Besonderes. Die Dunkelheit und die Kälte der Nacht sind spürbar und das Leiden Jesu Christi und das Leiden der Welt im Herzen präsent.

Die Jugendlichen haben einen großen Holzstoß aufgerichtet: Das Warten auf den neuen Tag beginnt. Gespannte Stille, bis einer das Feuer entzündet. Schnell wird es warm und hell. Die Osterkerze wird entzündet. Wir beginnen zu singen und ziehen mit der brennenden Osterkerze in die Kirche ein. Christ ist erstanden! Wir feiern die Auferstehung Jesu.

Wie war es wohl damals, als Jesus zu seinen Jüngern sprach? Standen sie auch um ein nächtliches Feuer, auf einem Hügel in Galiläa, als er davon redete, wie man sich Gottes Reich vorstellen könnte? Ahnten die zwölf, was auf sie zukam? Dass es nach Jerusalem ging, war allen klar, auch, dass jetzt etwas Großes bevorstand. Jesus hatte ihnen erzählt, dass seine Zeit bald gekommen sei. Doch was hieß das?

Bestimmt hatten einige von ihnen – so stelle ich es mir vor – Angst vor dem Unbekannten. Andere zweifelten vielleicht: War Jesus wirklich der verheißene Messias, der, von dem die Bibel sprach? Würde mit ihm wirklich etwas Neues beginnen? Hätten sie und ihre Familien dann endlich genug zu essen, könnten sie in Frieden und Freiheit leben? So lange sehnten sie sich schon danach. Oder würde man ihnen und ihrem Anführer einmal mehr feindlich entgegentreten, weil sie es wagten, die vorherrschende Ordnung anzuzweifeln?

Immer wenn sie mit ihm zusammen waren, wich die Angst. Die Zweifel traten in den Hintergrund. Er konnte so wunderbar zu den Menschen predigen. Sie hörten ihm zu, mehr noch, sie hingen förmlich an seinen Lippen. Zu Hunderten hatten sie am Ufer des Sees Genezareth auf ihn gewartet. So viele waren zusammengekommen, dass Jesus schließlich einen Fischer bat, in dessen Boot steigen zu dürfen und hinauszurudern, um von dort aus zur Menschenmenge zu sprechen. Und keiner dieser vielen, vielen Menschen ging, wie er gekommen war, wenn er Jesus begegnet war.

Wie ein Lauffeuer breitete sich die Kunde von jenem Rabbi in Galiläa aus. Sanftmütig war er, so erzählte man sich, geduldig und freundlich. Und er entdeckte am Wegesrand gerade diejenigen, die sonst keiner ansehen wollte: die Entrechteten, die ohne Ansehen – die Zöllner und Geldeintreiber, die Ehebrecherin und den Leprakranken. Er hatte Augen und offene Ohren für die Blinden, die Armen, die Traurigen und die Verratenen. Überhaupt für alle Menschen ohne Hoffnung. Und für jeden hatte er ein gutes Wort.

Wenn Jesus weiterzog, blieb Hoffnung in den Augen der Menschen zurück, die ihm begegnet waren, ein Funke Zuversicht, eine neue Perspektive.

Noch heute kann ich etwas von dieser Aufbruchsstimmung spüren, wenn ich auf die Bibel höre. Und ich bin glücklich, wenn ich sehe, wie Christinnen und Christen sich immer wieder neu auf den Weg machen. Wenn der Funke im wahrsten Sinne des Wortes überspringt. Wie beim Osterfeuer.

Wie wäre es, wenn wir dem Osterfeuer mehr Raum gäben? Wenn wir den Funken überspringen ließen und dieser Funken neue Begeisterung für unseren Glauben schaffen würde? Wenn eine Kirche entstehen würde, die vor Begeisterung brennt und Wärme ausstrahlt? Die in Bewegung ist wie die lodernden Flammen des Osterfeuers? Könnte dieser Traum Wirklichkeit werden?

Kapitel 1

GANZ NAH

GOTT IST DA. Am Anfang und am Ende und zu aller Zeit. In den guten Zeiten und in den schlechten Zeiten. Auch dann, wenn wir nichts von ihm spüren können. Manchmal merken wir erst viel später, dass Gott uns die ganze Zeit begleitet hat. Das war schon immer so. Anderen vor uns ist es genauso gegangen.

Ich denke an die biblische Geschichte von den Emmausjüngern. Tief verstört sind sie unterwegs. Alles, was ihr Leben ausgemacht hat, ist zusammengebrochen. Jesus, ihr großer Lehrer, ist gekreuzigt und begraben worden. Wie es weitergehen soll, das wissen sie nicht. Plötzlich gesellt sich ein Dritter zu ihnen. Es ist Jesus selbst. Aber die beiden Jünger erkennen ihn nicht. Lange sind sie gemeinsam unterwegs. Schließlich finden sie – es ist Abend geworden – einen Platz zum Übernachten und bitten den Fremden, bei ihnen zu bleiben. Und als er das Brot bricht, erkennen sie ihn.

Wie oft mag Gott mit uns unterwegs sein – und wir erkennen ihn nicht?

Wie zeigt er sich uns? Gott lässt sich nicht herbeizitieren. Gott ist nicht verfügbar. Gott bleibt am Ende ein Geheimnis. Es gibt keine fest vorgezeichneten Wege zu Gott. Aber Wegweiser, die gibt es schon. Davon erzählt die Bibel.

Mir ist es wichtig, jeden Tag mit einem Bibelvers zu beginnen. Deshalb lese ich morgens die sogenannte „Herrnhuter Losung". Die Losungen heißen so, weil sie wirklich Jahre vorher aus einem großen Topf mit Tausenden von Bibelzitaten für jeden Tag des Jahres ausgelost werden. Immer wieder staune ich darüber, wie sehr diese Bibelverse manchmal genau in die Situation hineinsprechen, so als ob sie genau für mich und genau für diese Situation ausgesucht worden seien. Die biblischen Texte sind einfach zeitlos aussagekräftig.

Manchmal unterbreche ich meinen Alltag und halte inne zum Gebet, unterwegs auf Reisen, am Schreibtisch im Büro oder auch nach einem Gespräch. Es gibt nicht die eine richtige Art zu beten, so wie es nicht die eine richtige Art des Gottesdienstbesuchs gibt oder des richtigen Gebrauchs der Bibel. Wenn ich selbst keine Worte finde, dann bete ich das „Vaterunser" – das Gebet, das Jesus selbst uns gelehrt hat.

Immer wieder spreche ich mit Menschen, die wissen wollen, wie man glauben lernen kann. Vielleicht ist die wichtigste Antwort, dass es eben genau keinen Standardweg gibt. Von eigenen Erfahrungen zu erzählen, kann vielleicht helfen, aber es kann nie den eigenen persönlichen Weg zum Glauben vorzeichnen oder gar ersetzen. Und es gibt Grenzen dessen, was man über den eigenen Glauben erzählen kann. Es gibt so etwas wie eine religiöse Scham. Der Glaube ist auch etwas Persönliches. Manches im eigenen Glauben kann auch dadurch entwertet werden, dass man es nach außen preisgibt.

Aber ein wenig kann ich schon von der Entwicklung meines eigenen Glaubens erzählen. Ich bin – das hat natürlich eine zentrale Rolle gespielt – in einem Pfarrhaus aufgewachsen. Wir waren von klein auf im Gottesdienst, bekamen die biblischen Geschichten erzählt. Am Tisch wurde gebetet, das Gebet am Abend vor dem Einschlafen gab Geborgenheit. Später als Jugendlicher half ich im Kindergottesdienst. Ich kann mich noch an einen sonntäglichen Interessenkonflikt zwischen „Urmel aus dem Eis" im Fernsehen und dem Gottesdienstbesuch erinnern. Wie oft er zugunsten von Urmel ausfiel, weiß ich nicht mehr. Aber ich weiß noch, dass meine Eltern uns nicht in den Gottesdienst zwangen. Sie haben mir damit Raum gegeben, meine Gottesbeziehung aus Freiheit zu entwickeln. Bei mir gab es kein datierbares Bekehrungserlebnis, mein Weg zum Glauben war eher ein Prozess.

Während meines gerade begonnenen Jurastudiums merkte ich: Viel zu oft, wenn es thematisch richtig spannend wurde, wenn die Grundsatzfragen gestellt wurden, bekam ich keine für mich überzeugenden Antworten. Das Recht entsteht im Gesetzgebungsverfahren. Das muss man dann auslegen und umsetzen. Aber ob Recht auch gerecht ist, warum man das Recht so formuliert und nicht anders, ob es vielleicht auch Gesetze geben könnte, die zu befolgen moralisch falsch wäre, das war kein zentrales Thema. Wir haben zwar in freiwilligen Arbeitsgemeinschaften und an den Abenden gemeinsam darüber diskutiert, aber im Studienplan spielte es nur eine Nebenrolle.

In dieser Zeit fing ich an, vermehrt in der Bibel zu lesen. Die Texte haben mich fasziniert, auch wenn ich viele schon aus meiner Kindheit kannte, aber so aktiv in der Bibel zu lesen war für mich neu. Ich war fasziniert von der Bergpredigt oder den Jesaja-Verheißungen. Das sind so unglaublich tolle Worte, da spürt man richtig, wie es heil wird im Herzen.

Ich bin wieder häufiger in den Gottesdienst gegangen. Damit habe ich gute Erfahrungen gemacht. Selbst wenn ich einmal mit einer Predigt nur begrenzt etwas anfangen konnte, habe ich mir immer vorgenommen, dass ich mir in diesem Gottesdienst etwas sagen lasse. Und so war es dann auch.

Für mich hat die Bibel den entscheidenden Unterschied gemacht. Ich habe die ungeheure Tragfähigkeit und Tiefe des Psalms 23 immer mehr gespürt. Ich habe darin die Nähe Gottes zu spüren gelernt. Gott ist für uns wie ein guter Hirte und geht mit uns auf unserem Lebensweg. Er weidet uns wirklich auf einer grünen Aue und führt uns zum frischen Wasser. Er wandert mit uns im finsteren Tal, so dass wir kein Unglück fürchten müssen. Das habe ich erfahren – wie viele andere.

Das war mein Weg. Andere werden andere Wege zum Glauben an Gott finden. Es gibt keinen allgemeingültigen, keinen vorgeschriebenen Weg. Und jeder Weg bleibt ein Wagnis.

SEHEN LERNEN

Es gibt im Johannesevangelium eine Geschichte, die mich immer wieder begeistert: „Jesus ging vorüber und sah einen Menschen, der blind geboren war. Und seine Jünger fragten ihn und sprachen: Meister, wer hat gesündigt, dieser oder seine Eltern, dass er blind geboren ist? Jesus antwortete: Es hat weder dieser gesündigt noch seine Eltern, sondern es sollen die Werke Gottes offenbar werden an ihm. Wir müssen die Werke dessen wirken, der mich gesandt hat, solange es Tag ist; es kommt die Nacht, da niemand wirken kann. Solange ich in der Welt bin, bin ich das Licht der Welt. Als er das gesagt hatte, spuckte er auf die Erde, machte daraus einen Brei und strich den Brei auf die Augen des Blinden. Und er sprach zu ihm: Geh zum Teich Siloah – das heißt übersetzt: gesandt – und wasche dich! Da ging er hin und wusch sich und kam sehend wieder."

„Er kam sehend wieder." Ich freue mich immer wieder darüber, dass sich mit diesem Satz eine Tür öffnet. Es ist eine Tür aus der dunklen Kammer in den weiten, hellen Raum, aus dem Gefängnis in die Freiheit, aus der Verzweiflung in die Hoffnung.

Jesus sagt zu seinen Jüngern: „Es sollen die Werke Gottes offenbar werden an ihm." Die Heilung des Blinden soll uns eine Sehhilfe sein für das, was Gott jeden Tag an uns tut. Es ist ein Perspektivwechsel, von dem da die Rede ist.

Wir wollen Gründe haben, wieso es sich lohnt. Wir wollen immer wissen: Warum ist es so gekommen? Und Jesus sagt einfach nur: Schau auf das, was geschieht, und nimm es wahr!

Mir ist diese Geschichte so wichtig, weil sie zeigt, wie ein Mensch durch die Beziehung zu Jesus sehen lernen kann. Und dieses Sehen-Lernen ist weit mehr als ein augenoptischer Vorgang. Es ist ein Sehen-Lernen der Seele. Jemand lernt die Menschen um sich herum zu sehen. Er lernt sie wahrzunehmen. Er lernt sie anzunehmen und versteht, dass die anderen sind wie er selbst. Die anderen lieben zu lernen wie mich selbst – diese Erfahrung kann jeder machen.

So vieles in unseren Beziehungen läuft schief, weil wir einander nicht sehen. In unseren Partnerschaften ist es oft das Blindsein füreinander, wodurch sich Zwietracht einnistet. Da steht jemand morgens auf und kommt in gedrückter Stimmung zum Frühstück. Ein falsches Wort und es kommt zum Konflikt. In Situationen wie diesen, die wohl jeder kennt, hilft es, wenn wir verstehen, was den anderen bedrückt! Vielleicht war es ein unbedachtes, verletzendes Wort des anderen am Vorabend. Ein Wort, das hängengeblieben und eben nicht im Schlaf verflogen ist. Vielleicht ist es einfach eine Unausgeglichenheit, für die es noch nicht mal einen Grund zu geben braucht.

Wenn das Herz offen und die Bereitschaft da ist, den anderen wirklich als Ganzes zu sehen, dann braucht es manchmal nicht einmal viele Worte.

Es ist für mich immer eine besondere Zeit, wenn ich nach dem Gottesdienst am Kirchenausgang den Kirchgängern die Hand gebe. Obwohl da ja nie viel Zeit mit jedem Einzelnen ist, entstehen manchmal ganz kurze, aber intensive wechselseitige

Begegnungen. Wenn ein Kummer herausbricht, verspreche ich, dass ich für diesen Menschen bete. Und das tue ich dann auch, weil mir das Gesicht im Kopf bleibt und diese Begegnung. Andere sehen zu lernen, macht unser eigenes Leben reicher.

Ich lerne Gottes Wirken in meinem Leben zu sehen und werde dankbar für den ganzen Reichtum, den Gott in mein Leben gibt und den ich so oft für selbstverständlich nehme.

FREIHEIT, DIE ICH MEINE

Was sich so mancher, der schlechte Erfahrungen mit dem Christentum gemacht hat, der es vielleicht als autoritär oder lebensfeindlich wahrgenommen hat, gar nicht vorstellen kann: Leben mit Gott bedeutet ein Leben in Freiheit. In Kapitel 5 des Galaterbriefs sagt Paulus: „Zur Freiheit hat uns Christus befreit! So steht nun fest und lasst euch nicht wieder das Joch der Knechtschaft auflegen! Denn (…) in Christus Jesus gilt der Glaube, der durch die Liebe tätig ist."

Wer einmal eingesperrt war, kann das nicht so leicht vergessen. Wer sich nicht frei bewegen kann, der weiß die Freiheit zu schätzen. Wir Deutsche erinnern uns an die freudetrunkenen Wochen im November 1989, als die Mauer gefallen war und die Menschen aus der DDR in ihren Trabis endlich frei die Welt erkunden konnten. „Freiheit ist das Einzige, was zählt", sang Marius Müller-Westernhagen damals vor und mit Tausenden Zuschauern.

Und dennoch verblasst das tiefe Gefühl der Freiheit, wenn man sich nur lange genug an die Freiheit gewöhnt hat. Man schafft sich wieder Abhängigkeiten und Strukturen, die einen festhalten und letztlich unfrei machen. Das meint Paulus damit, wenn er die Menschen in Galatien aufruft: „So steht nun fest und lasst euch nicht wieder das Joch der Knechtschaft auflegen!“

Freiheit spielte bei Paulus eine entscheidende Rolle. Er selbst wurde oft verfolgt, gefangen genommen und eingesperrt. Er war von außen gesehen alles andere als frei. Und dennoch kann er aus tiefer Überzeugung von seiner persönlichen Freiheit sprechen. Eine Freiheit, die von Zwängen löst, die von inneren einengenden Banden befreit.

Die Stricke und Fesseln, die uns heute gefangen halten, sind vielleicht andere als die zur Zeit des Paulus. Aber es gibt solche Fesseln heute genauso wie damals. Wir laufen heute so vielen Ansprüchen hinterher. Wir wollen schön sein, schlank sein, reich sein, immer gut drauf sein, erfolgreich sein – ja und auch ökologisch konsequent sein und moralisch korrekt sein gehört dazu. Auch richtige, wichtige Ansprüche bleiben Ansprüche. Das alles macht uns unfrei.

Es gibt so viele Menschen, die daran zerbrechen, dass sie sich einer äußeren Messlatte unterwerfen. Stimmen die Körpermaße nicht, geht der Selbstwert in den Keller. Wenn die Erfolge nicht eintreten, die man sich erhofft hat, bricht der Sinn weg.

Wer sich selbst als Macher seines eigenen Lebens fühlt, kann leicht vergessen, wie sehr er sein Leben anderen verdankt. Als „Selfmademan“ wird jemand gefeiert, der den Erfolg in seinem Leben vermeintlich ganz sich selbst verdankt. In Wirklichkeit ist das Unsinn. Wer einigermaßen ehrlich mit seiner eigenen Biographie umgeht, weiß das ganz genau.

Wir machen uns eben nicht selbst! Wir sind von unserer Mutter geboren – und viele Menschen haben uns im Leben begleitet und gefördert. Unser Erfolg kommt nicht nur aus uns selbst. Schon gar nicht haben wir unser Glück in der Hand. Was wir sind und was wir haben, kommt neben dem, was wir selbst dazu getan haben, aus der Hilfe und Unterstützung vieler anderer. Wir sind nicht „self made", wir sind „God made"!

Das zu erkennen, ist ein Stück Freiheit, wie Paulus sie meint. Das zu erkennen befreit vom ständigen Drehen um sich selbst. Es befreit sowohl vom sorgenvollen als auch vom selbstherrlichen Fokussieren auf die eigene Person. Zu dieser Freiheit hat uns Christus befreit.

Wer die Erfahrung machen darf, dass der eigene Selbstwert nicht auf die eigenen Leistungen und die Anerkennung der anderen gegründet ist, sondern ganz auf Christus, der spürt tatsächlich eine neue innere Freiheit. Eine Freiheit dazu, für Positionen einzustehen, die nicht unbedingt bewundert werden oder in der Gesellschaft angesehen sind, die sich aber aus der Wahrheit speisen. Eine Freiheit, nicht nur sich selbst zu sehen, sondern auch den anderen.

Das war die entscheidende Einsicht, die Martin Luther gewonnen hat, als er sich mit den Briefen des Paulus beschäftigte, und die zur Quelle seines reformatorischen Aufbruchs wurde: Der Mensch kann sich die Gnade und Liebe Gottes nicht erarbeiten und schon gar nicht erkaufen. Durch alles menschliche Streben und Bemühen kann es nicht gelingen, das Gesetz und die Gebote Gottes zu erfüllen. Alle Anstrengung ist letztlich zum Scheitern verurteilt. Freiheit und Erlösung sind unverdient und können uns nur geschenkt werden – durch Jesus Christus.

Der Mensch – so hat Luther es bei Paulus lesen können – ist „gerecht allein aus Gnade und nicht aus den Werken". Dieses Geschenk der Liebe Gottes befreit. Weil es uns festen Halt im Leben gibt. Es ist – sagt Paulus – die sichere Basis, von der aus man getrost auf Herausforderungen zugehen kann, ohne ständig die Angst haben zu müssen, zu versagen, schlecht dazustehen oder einfach den eigenen Ansprüchen nicht zu genügen.

Das zu erkennen, das zu wissen und es zu leben ist die stärkste Basis, die man im Leben haben kann. Und es ist eine Freiheit, die einem von außen niemand nehmen kann. Ein Geschenk, das trägt, das hält und das bleibt – Gott sei Dank.

SCHLUSS MIT VERGELTUNG

Diese Freiheit ist genau deswegen so tragfähig, weil sie die dunklen Seiten unserer Existenz nicht ignoriert. Denn wir leben ja nicht so, wie Gott es uns zugedacht hat. Wir wenden uns immer wieder von Gott und unseren Mitmenschen ab. Das ist es, was das alte Wort „Sünde" meint. Manchmal versuchen wir, es zu banalisieren, indem wir von „Diätsünden" oder „Parksünden" sprechen. In Wirklichkeit geht es um eine tiefe Störung gegenüber Gott und unseren Mitmenschen. Dass wir andere verletzen oder in ihrer Not ignorieren, dass wir anderen Hilfe schuldig bleiben, obwohl es vielleicht um Leben oder Tod geht, ist eine Tatsache, die wir gerne verdrängen.

Ist das am Ende alles egal? Die Antwort, die Paulus auf diese Frage gibt, ist genauso überraschend wie einzigartig. Immer wieder sagt er in seinen Briefen, dass Christus für uns am Kreuz gestorben ist, so dass wir frei von unseren Sünden werden und allein aus Gnade leben dürfen. Das sind alte und vielleicht für manchen fremde Worte.

Man kann sie nur verstehen, wenn man versteht, dass uns in Christus Gott selbst begegnet. Gott ist ein gerechter Gott. Also kann er es nicht hinnehmen, wenn Menschen anderen Leid antun, wenn Menschen Unrecht tun, wenn Menschen das Liebesgebot mit Füßen treten.

Man stelle sich vor, wie sich die Opfer solchen Unrechts fühlen würden, wenn Gott das alles einfach auf sich beruhen ließe. Es muss so etwas wie Sühne geben. Alles andere wäre ungerecht.

Von diesem Punkt an ist uns im Christentum eine faszinierende Perspektive geschenkt. Wir sagen nicht nur: Gott ist ein gerechter Gott. Wir sagen auch: Gott ist ein liebender Gott. Ein unendlich liebender Gott. Und dieser Gott sagt nun zu einem jeden von uns: Dein Unrecht, all das, was du an Verletzungen hinterlässt, vielleicht sogar ohne es zu merken, muss tatsächlich gesühnt werden. Aber ich nehme die Sühne, die eigentlich du leisten müsstest, auf mich selbst. Weil du mein Geschöpf bist und weil ich dich liebe. Ich will nicht dein Verderben, und wenn du dich noch so weit entfernt hast von mir. Ich will dich nicht loslassen. Ich will, dass du lebst.

Diese alte und so oft missverstandene Lehre vom „Sühnopfertod Jesu Christi“ ist also am Ende Ausdruck einer großen Liebeserklärung Gottes an uns Menschen. Diese Liebe Gottes ist nicht etwas, was erst im Neuen Testament sichtbar wird. Sie durchzieht das, was schon im Alten Testament über die Beziehung Gottes zu den Menschen gesagt wird. Es gibt eine Geschichte im Alten Testament, die für mich wie keine andere zeigt, wie in Gott selbst die Liebe siegt und fortan den Ton angibt.

Das Trachten der Menschen ist böse von Jugend an – so heißt es im ersten Buch der Bibel (1. Mose 6,5). Deswegen bereut Gott, dass er den Menschen geschaffen hat, und schickt die Sintflut. Aber das Erstaunliche ist, was danach kommt. Der gleiche Satz kommt nach der Sintflut und der Errettung durch die Arche Noah nochmal. Aber jetzt mit völlig anderen Folgerungen! „Ich will hinfort nicht mehr die Erde verfluchen um der Menschen willen; denn das Dichten und Trachten des menschlichen Herzens ist böse von Jugend auf. Und ich will hinfort nicht mehr schlagen alles, was da lebt, wie ich getan habe. Solange die Erde steht, soll nicht aufhören Saat und Ernte, Frost und Hitze, Sommer und Winter, Tag und Nacht.“ (1. Mose 8,21) Diese Passage ist eine der wunderbarsten Passagen der ganzen Bibel. Denn Gott hat sich nach der Sintflut für das Leben entschieden. Gott hat sich für uns Menschen entschieden. Er lässt nicht mehr von uns ab. Gott will das Leben.

Zum Zeichen dafür setzt er den Regenbogen in die Wolken. Er steht für den ewigen Bund. Durch Christus wird er in unüberbietbarer Weise ein für alle Mal bestätigt, denn: Die Sünde durch Liebe zu überwinden – darum geht es! Es soll Schluss sein mit allen Opfern. Es soll Schluss sein mit der Gewalt unter den Menschen – im Kleinen wie im Großen, dort, wo ein Einzelner die Hand gegen den anderen erhebt, ebenso wie dort, wo Staaten ihre Konflikte mit Waffengewalt zu lösen oder diktatorische Systeme Demokratiebewegungen mit repressiven Mitteln zu unterdrücken versuchen.

Es soll Schluss sein mit Vergeltung – ein Aufrechnen von Schuld und Verfehlung führt in aller Regel nicht zu einem Neuanfang. Das haben wir in unserer eigenen Geschichte leidvoll erlebt, das verfolgen wir auch mit Sorge, wenn wir beispielsweise auf die politischen Konflikte im Heiligen Land blicken.

Wer auf diesen Jesus schaut, der nicht zurückgeschlagen hat, sondern die Gewalt der Menschen auf sich genommen hat, der verändert sich. Der geht Jesu Weg mit und setzt an die Stelle der Gewalt die Liebe. Der setzt an die Stelle der Habsucht die Bereitschaft zum Teilen. Der findet den Weg aus dem Gefangensein in sich selbst hinaus in die Freiheit für den anderen.

Dass Jesus für uns am Kreuz gestorben ist, heißt eben nicht, dass ein grausamer Gottvater seinen Sohn opfert. Sondern in Christus erfährt Gott *selbst* das äußerste Leiden, das Menschen erfahren können. In Christus – das sagt die alte christliche Trinitätslehre – begegnet uns Gott selbst in Menschengestalt! Wenn wir zu Gott, zu Christus und zu dem Heiligen Geist beten, dann beten wir nicht zu drei Göttern, sondern zu dem einen Gott, der uns geschaffen hat und der uns jeden Tag trägt und erhält. Dieser Gott ist es, der am Kreuz stirbt. Und er stirbt nicht, weil er sich selber umbringt, sondern er stirbt, weil die *Menschen* ihn umbringen! Weil die *Menschen* Gewalt ausüben! Weil die *Menschen* ihn foltern! Weil die *Menschen* einen Sündenbock brauchen! Weil die *Menschen* ihre Macht sichern wollen! Jesus von Nazareth stirbt am Kreuz, weil das „Trachten des Menschen böse ist von Jugend an", und Jesus wehrt sich nicht, er antwortet nicht selbst mit Gewalt und mit Bosheit. Er gibt sein Leben hin, weil er diesen Kreislauf durchbrechen will, weil er durch diese Hingabe eine neue Wirklichkeit schaffen will, weil er der Gewalt die Liebe entgegensetzen will. Das ist der Gott, an den wir glauben!

BETEN LERNEN

Wie können wir etwas von der Liebe Gottes erfahren? Wie können wir Gott nach-denken und nach-spüren? Wie können wir mit Gott in Beziehung treten?

Ganz bestimmt spielt dabei das Gebet eine zentrale Rolle. Vielleicht empfinden wir eine gewisse Scheu, wenn es ans Beten geht. Und vielleicht wissen wir auch nicht so genau, wie man das macht. Manche Menschen beten, ohne es irgendeinem anderen zu erzählen. Man kann erleben, dass zukünftige Eheleute beim Traugespräch zum ersten Mal einander offenbaren, dass sie beten. Über Sex zu sprechen, fällt manchmal offensichtlich leichter, als übers Beten zu reden.

Beten ist keine Kunst. Jeder kann beten. Gott hört Gebete auch dann, wenn sie hilflos klingen. Man braucht ganz sicher keine angeborene Frömmigkeit oder besondere Heiligkeit. Das Einzige, was man braucht, ist das Vertrauen, dass es da jemanden gibt, zu dem ich beten kann, und den Mut, es mit dem Gebet zu versuchen.

Auch bestimmte Formen können hilfreich sein für das Beten. Wir Evangelischen, die festgefügten Ritualen gegenüber eher skeptisch eingestellt sind, dürfen von den anderen Konfessionen lernen, denn geprägte Rituale und bestimmte Zeiten können hilfreich sein.

Ein bescheidener, erster Schritt könnte sein, am Morgen oder am Abend einen Psalm in Ruhe zu lesen und ihn mit dem Lesen zugleich zu beten; oder sich einige Minuten für eine Lesung anderer biblischer Texte freizuhalten. Am besten zu einer festen Zeit, zum Beispiel jeden Tag nach dem Aufstehen. Vielleicht kann man sich sogar vom Smartphone-Wecker daran erinnern lassen.

Vermutlich fühlt es sich am Anfang noch merkwürdig an, gerade wenn man lange Zeit nicht gebetet hat. Beten ist Beziehungsarbeit! Manchmal schön und erfüllend, aber manchmal auch langweilig und trocken. Und mit unserer Erwartungshaltung, dass immer etwas Großartiges passieren muss, helfen wir uns nicht. Im Gegenteil: Beim Beten geht es darum, mich einfach in die Beziehung mit Gott hineinzugeben.

Wo uns das allein schwerfällt, mag die Gemeinschaft im Gottesdienst helfen. Wenn um mich herum das „Vaterunser“ gesprochen wird, dann zieht es mich mit. Oder es trägt mich einfach, dass mit mir zusammen betende Menschen um mich herum sind. Wie in einem Chor mit 1000 Stimmen, in dem jede Stimme zwar wichtig ist, aber nicht entscheidend ist – auch wenn meine Stimme heute etwas zittriger oder leiser ist. Entscheidend ist, dass ich dabei bin.

Beten ist auch der Weg zu dem, was Paulus uns ans Herz legt: „Seid dankbar in allen Dingen!" Ja, beten lehrt tatsächlich Dankbarkeit. Weil wir nichts für selbstverständlich nehmen. Weil wir wissen, dass uns alles, was wir sind und haben, von Gott geschenkt ist. Weil das Beten uns Worte gibt für das Wunder des Lebens. Weil wir mit Psalm 103 sagen können: „Lobe den Herrn, meine Seele, und vergiss nicht, was er dir Gutes getan hat."

Ich war vor einigen Jahren mit meiner Familie in Ruanda. Wir haben auch eine christliche Gemeinde besucht, die sich gerade gegründet hatte. Die Leute hatten für uns gekocht und zeigten uns eine Scheune, in der sie ihre Kirche aufbauen wollten. Da standen wir in einem Kreis in der kargen Scheune und einer sagte: „Wollen wir beten?" Und dann haben wir uns an den Händen gefasst und für die Gemeinschaft gedankt, für die Steine, die jemand geliefert hatte, um das Gotteshaus bauen zu können; wir haben dafür gebetet, dass Gott seinen Geist in die Herzen der Menschen geben und ihre Gemeinschaft stärken und dem Bau der Kirche Gelingen schenken möge. Es war ein spontanes Gebet, einfach aus dem Moment heraus. Solche Erfahrungen mache ich oft, wenn ich in Afrika bin, und nehme sie mit nach Hause. Ich wünsche mir, dass wir auch hierzulande selbstverständlicher miteinander beten – ohne dass es aufgesetzt ist, sondern einfach aus dem Herzen heraus.

EINE STURMVERSICHERUNG GIBT ES NICHT

Im Gebet spüren wir ein ganz spezielles Gefühl des Getragenwerdens von Gott. Mir fällt dazu immer die Bibelstelle ein, als Jesus mit den Jüngern übers Meer fuhr und seelenruhig schlief, obwohl ein Sturm tobte. Als die Jünger ihn weckten, beruhigte er zunächst Wind und Wellen und fragte sie: „Was seid ihr so furchtsam? Habt ihr noch keinen Glauben?"

Diese biblische Geschichte von der Sturmstillung ist eine Geschichte aus ferner Zeit, eine Wundergeschichte, die uns auf den ersten Blick heute fremd ist, denn unser heutiges Weltverständnis sagt: So kann es doch gar nicht gewesen sein. Und gleichzeitig spüren wir im Herzen, dass diese Geschichte eine tiefe Wahrheit hat. Sie ist ein eindrucksvolles Beispiel für die Kraft und Aktualität der biblischen Geschichten. Denn es geht darum, wie die Jünger alles Vertrauen verlieren, in Panik geraten, weil ihnen alle Sicherheiten wegschwimmen. Es ist eine Geschichte über die Stürme des Lebens und über die Frage, worauf wir eigentlich in solchen Momenten unser Vertrauen setzen. Die Geschichte von der Sturmstillung erzählt vom Gefährdetsein und vom Bewahrtwerden.

Wie kann das zugegangen sein? Wie kann ein Mensch Sturm und Wellen zur Ruhe bringen?

Wir neigen heute dazu, diese Frage aus der Perspektive der Naturwissenschaften zu sehen. Und so mancher kritische Bibelleser hat diese Geschichte deswegen für die heutige Zeit für irrelevant erklärt, weil sie nicht unseren Naturgesetzen entsprechend funktioniert.

Aber diese Geschichte erzählt nicht davon, wie Sicherheit *hergestellt* werden kann. Es ist keine Geschichte, die Jesus als eine Art religiöse Super-Versicherung gegen die Stürme des Lebens anpreisen will. Sondern es ist eine Vertrauensgeschichte. Sie handelt vom Vertrauen auf Gott und seine Führung in unserem Leben. Sie zeigt einen Weg in die Freiheit! Einen Weg tiefen Vertrauens darauf, dass Gott uns nicht verlässt, wenn die Wellen über uns zusammenschlagen. Dass Jesus mit uns geht wie ein guter Hirte, wenn wir wandern im finsteren Tal, dass wir in keiner Situation im Leben und im Tod tiefer fallen können als in Gottes Hand.

Diese Erfahrung, dass sich in der Begegnung mit Jesus der Wind legt, dass tief in der Seele eine große Stille entsteht, diese Erfahrung gibt es heute auch noch. Viele Menschen erleben so etwas manchmal gerade dann, wenn sie sich von Gott verlassen fühlen und wie damals die Fischer verzweifelt rufen: Meister, fragst du nichts danach, dass wir umkommen!?

Aus einem derartig großen Vertrauen zu leben, ist nichts, was ich mir vornehmen könnte, und nichts, was ich mir als Teil einer Anleitung zum Glücklichsein zur Lebensmaxime machen könnte. Vertrauen – das hilft uns, die Geschichte von der Sturmstillung zu verstehen –, Vertrauen kann nur in der Beziehung wachsen. Es kann in mein Herz einziehen, wenn ich mich für Gottes lebensspendenden Geist öffne, wenn ich wage, zu glauben, dass Gott es durch und durch gut mit mir und mit seiner Welt meint. Wenn ich durch das Beten in Beziehung zu Gott bleibe.

Kapitel 2

DEN NÄCHSTEN LIEBEN

„LIEBE DEINEN NÄCHSTEN WIE DICH SELBST.“ Dieser Satz steht für das Christentum wie kaum ein anderer. Die meisten Menschen erkennen das an und wissen es zu schätzen, selbst wenn sie dem Christentum kritisch gegenüberstehen. Und tatsächlich durchzieht das Liebesgebot die ganz unterschiedlichen Traditionen des Alten und Neuen Testaments. Gerade dieser Aspekt des Christentums hat für viele Menschen eine unmittelbare Plausibilität. Den meisten Menschen leuchtet intuitiv ein, dass es bei aller Sorge um sich selbst Sinn macht, auch auf seine Mitmenschen Acht zu geben, ihnen wohlwollend zu begegnen und Rücksicht zu nehmen. Und es leuchtet ihnen ein, dass Zusammenleben in einem gesellschaftlichen Gefüge, ob Familie oder Staat, nur auf diese Weise dauerhaft gelingen kann.

Was auch als pragmatische Lebensweisheit durchaus Sinn macht, wird in der Bibel radikalisiert und in eine existentielle Perspektive gestellt. „Liebe deinen Nächsten wie dich selbst.“ Dieser Satz wird in der Bibel bewusst im Zusammenhang mit einem anderen Satz gesagt. „Du sollst den Herrn, deinen Gott, lieben.“ Im 22. Kapitel des Matthäusevangeliums (Verse 34–40) finden wir diese beiden Aussagen explizit nebeneinander. Als die Jünger Jesus fragen, was das höchste Gesetz sei, antwortet dieser: „Du sollst den Herrn, deinen Gott, lieben von ganzem Herzen, von ganzer Seele und von ganzem Gemüt." Und er fügt hinzu: „Das andere aber ist dem gleich: Du sollst deinen Nächsten lieben wie dich selbst. In diesen beiden Geboten hängt das ganze Gesetz und die Propheten."

Gottesliebe und Menschenliebe gehören zusammen. Nächstenliebe ist nicht mehr einfach nur eine plausible moralische Regel für ein gutes Zusammenleben. Sondern sie wird in den Kontext der Gottesbeziehung gestellt und damit in den Tiefen der Existenz verwurzelt. Man kann auch sagen: Mit der Bindung an die Gottesliebe erreicht die Nächstenliebe die Seele. Wer Gott liebt, muss auch die Menschen lieben. Gottesliebe und Menschenliebe sind untrennbar miteinander verbunden.

Moralische Regeln können so leicht in den Moralismus abgleiten, also in Regeln, die man erfüllt, um ein guter Mensch zu sein, um anderen zu gefallen oder zumindest die Missbilligung durch die anderen zu vermeiden. Aber man merkt es doch schnell, wenn jemand nur „liebt", weil er irgendeine Regel erfüllen will, anstatt es aus innerem Drang zu tun. Eigentlich ein Widerspruch in sich. Denn wirklich lieben kann man nur von innen heraus.

Martin Luther hat das in seiner berühmten Schrift „Von der Freiheit eines Christenmenschen" beschrieben. Zwei Thesen hat er an den Anfang seiner Schrift gestellt: „Ein Christenmensch ist ein freier Herr aller Dinge und niemandem untertan. Ein Christenmensch ist ein dienstbarer Knecht aller Dinge und jedermann untertan." Das schließt die persönliche Freiheit des Gewissens ein, die Freiheit des Individuums von äußerer Bevormundung. Aber genauso meint Luther eben auch, dass die Freiheit des Christenmenschen dazu ermächtigt, sich für andere zu engagieren. Im Glauben hat Gott uns alles umsonst und im Überfluss gegeben, was wir zum Leben brauchen. Deswegen können wir auch dem Nächsten davon abgeben: „Sieh, so fließt aus dem Glauben die Liebe und die Lust zu Gott und aus der Liebe ein freies, williges, fröhliches Leben, dem Nächsten umsonst zu dienen. Denn so wie unser Nächster Not leidet und unseres Überflusses bedarf, so haben ja auch wir Not gelitten und seiner Gnade bedurft. Darum sollen wir so, wie uns Gott durch Christus umsonst geholfen hat, durch den Leib und seine Werke nichts anderes tun als dem Nächsten helfen."

Es ist gerade die Einheit von beidem, der Gottesliebe und der Nächstenliebe, die unseren christlichen Glauben so faszinierend, so kraftvoll macht. Ohne die Nächstenliebe wäre der Gottesdienst bloßer Kult, erbauliche Selbstinszenierung einer Gemeinde, im schlimmsten Falle sogar Aufstachelung zu Hass und Krieg, und hat nichts mehr mit christlichem Gottesdienst zu tun. Aber auch das Umgekehrte gilt eben: Ohne Gottesdienst, ohne die Musik, die das Herz anrührt und Kraft gibt, ohne das Erlebnis des gemeinsamen Abendmahls, wird die Nächstenliebe zur moralistischen Forderung, zu einem Anspruch, der uns ein schlechtes Gewissen macht, aber niemanden wirklich zu nachhaltigem Handeln bewegt. Ethik und Moral werden dann zum Einfallstor von Selbstgerechtigkeit, wenn wir uns nicht immer wieder der Quelle vergewissern, aus der das gute Leben kommt – und ihr nachspüren. Selbstgerechte

Christen sind genauso unerträglich wie selbstgerechte Menschen überhaupt.

Wir geben, weil wir so viel bekommen. Wir müssen uns nicht aufopfern, wenn wir helfen, sondern wir brauchen uns eigentlich nur die Augen öffnen lassen für den Reichtum unseres Lebens, unsere Talente, das persönliche Glück und *auch* unser Geld, und das alles als Geschenk wahrnehmen, das wir nicht für uns behalten wollen. Dann brauchen wir den Dienst am anderen auch nicht als *vorrangig* gegenüber dem eigenen Wohlergehen verstehen, sondern dann ist der Dienst am anderen ein Ausdruck des eigenen Wohlergehens. Es gibt nicht viele Dinge, die mehr werden, wenn man sie teilt. Liebe gehört dazu. Sie wird mehr, wenn man sie teilt. Das eigene persönliche Lebensglück gehört auch dazu. Es wird mehr, wenn man es teilt. Welchen Grund könnte es geben, sich solche Vermehrung des eigenen Lebensglücks durch soziales Engagement entgehen zu lassen?!

GOTTESBEZIEHUNG ALS QUELLE DER NÄCHSTENLIEBE

Ich glaube, dass – jenseits der uns durch die jeweilige Erziehung mitgegebenen Haltungen – die nachhaltigste Quelle für die Nächstenliebe tatsächlich eine lebendige Gottesbeziehung ist. Und zwar eine Gottesbeziehung, die so viel Kraft aus der Erfahrung der liebenden Zuwendung Gottes schöpft, dass sie diese Kraft weiterzugeben vermag. Der Prophet Jesaja bringt es eindrucksvoll auf den Punkt, wie Gottes liebende Zuwendung aussieht:

„Und nun spricht der HERR, der dich geschaffen hat, Jakob, und dich gemacht hat, Israel: Fürchte dich nicht, denn ich habe dich erlöst; ich habe dich bei deinem Namen gerufen; du bist mein! Wenn du durch Wasser gehst, will ich bei dir sein, dass dich die Ströme nicht ersäufen sollen; und wenn du ins Feuer gehst, sollst du nicht brennen, und die Flamme soll dich nicht versengen. Denn ich bin der HERR, dein Gott, der Heilige Israels, dein Heiland. Ich habe Ägypten für dich als Lösegeld gegeben, Kusch und Seba an deiner statt, weil du in meinen Augen so wert geachtet und auch herrlich bist und weil ich dich lieb habe. Ich gebe Menschen an deiner statt und Völker für dein Leben. So fürchte dich nun nicht, denn ich bin bei dir. Ich will vom Osten deine Kinder bringen und dich vom Westen her sammeln, ich will sagen zum Norden: Gib her!, und zum Süden: Halte nicht zurück! Bring her meine Söhne von ferne und meine Töchter vom Ende der Erde, alle, die mit meinem Namen genannt sind, die ich zu meiner Ehre geschaffen und zubereitet und gemacht habe.“ (Jesaja 43,1–7).

Unfassbar starke Worte, die uns tiefer in der Seele erreichen, als Menschenworte es je können. All das sagt derjenige zu uns, von dem alles Leben kommt. Er hat uns bei unserem Namen gerufen, er kennt uns. Er tut das alles an uns, wie er es an seinem Volk vor 2500 Jahren getan hat, als diese Worte aufgeschrieben wurden.

Die Israeliten haben sich im Exil in Babylon von Gott verlassen gefühlt. Und dann haben sie die Erfahrung gemacht, dass Gott die ganze Zeit bei ihnen war und sie durch die Wirren der Zeit nach Hause geführt hat. Es ist eine leidenschaftliche

Liebeserklärung Gottes an sein Volk, und es ist ein Hohes Lied der Treue Gottes gegenüber uns.

Die Worte aus dem Buch des Propheten Jesaja über Gottes Liebe und Gottes Treue sollen uns Anstoß und Inspiration sein. Die Worte sind fast zu schön, um wahr zu sein. Handelt Gott wirklich so an uns? Bewahrt er uns wirklich auf eine derart phantastische Art und Weise?

„Wenn du durch Wasser gehst, will ich bei dir sein, dass dich die Ströme nicht ersäufen sollen; und wenn du ins Feuer gehst, sollst du nicht brennen, und die Flamme soll dich nicht versengen.“ Wenn ich diese Worte höre, denke ich an die verheerenden Flutkatastrophen, die wir in den letzten Jahren in Deutschland erlebt haben, an Tsunamis in Asien oder Hurrikans in Amerika. Viele Menschen haben ihre Existenz verloren, viel zu viele ihr Leben gelassen.

Ist es am Ende ein trügerisches Versprechen, das uns da von Gott gegeben wird? Ich glaube nicht, dass Gott oben im Himmel sitzt und uns wie Marionetten durchs Leben führt. Er öffnet auch nicht die Himmelsschleusen, wenn ihm nach Drama zumute ist. Ein solcher Gott ist jedenfalls nicht der Vater von Jesus Christus. Denn der leidet mit den Leidenden. Er geht mit uns, wenn wir wandern im finsteren Tal. Und er trägt uns im Leben und im Sterben. Er ist nicht Teil des Geschehens als Verursacher von Leid und Tod. Sondern als Mitleidender.

Eine Freundin hat mir folgende Geschichte erzählt: Als junge Seelsorgerin machte sie ein Praktikum in einem Krankenhaus. Am Ende ihrer Gespräche mit den Kranken sprach sie immer ein Gebet und konnte spüren, wie sehr das viele Menschen in ihrem Innersten erreichte. Anders war es bei einem Mann, der Krebs im Endstadium hatte. Als Atheist hielt er nichts von Gebeten und höhnte ihr nur zu. „Dann werde ich Ihren Chef ja bald kennen lernen." Als sie ihren letzten Besuch bei ihm machte, sagte sie: „Ich weiß nicht, was ich Ihnen sagen soll. Ich kann Ihnen nur einen Text vorlesen." Und sie las die Worte aus Jesaja 43 vor.

Einige Wochen später bekam sie einen Brief von der Frau des inzwischen verstorbenen Mannes. „Ich möchte Ihnen etwas sagen …", schrieb sie. „… mein Mann hat mich darum gebeten, bevor er starb. Sie haben ihm diesen Text aus der Bibel gelesen. Es hat ihm sehr viel bedeutet. Ich musste ihm diese Worte danach noch einmal und immer wieder vorlesen. Sie haben ihn beim Sterben begleitet."

Solch eine Kraft kann das Wort der Bibel haben. Der Mann hat, obwohl er keinerlei Offenheit für die Bibel hatte, die Liebeserklärung Gottes verstanden. Er hat begriffen, was Paulus im Römerbrief so unübertrefflich formuliert hat: „… ich bin gewiss, dass weder Tod noch Leben, weder Engel noch Mächte noch Gewalten, weder Gegenwärtiges noch Zukünftiges, weder Hohes noch Tiefes noch eine andere Kreatur uns scheiden kann von der Liebe Gottes, die in Christus Jesus ist, unserm Herrn." (Römer 8,38–39)

Wer von dieser Liebe Gottes beseelt ist, dem wird die Nächstenliebe nicht wie eine Pflicht oder wie ein Gebot vorkommen, sondern wie eine Selbstverständlichkeit.

SICH AUF ANDERE EINLASSEN

In Sachen Toleranz bin ich durch eine ziemlich gute Schule gegangen. Schließlich wuchs ich als eines von fünf Kindern auf. In einer siebenköpfigen Familie ist man von klein auf daran gewöhnt, in Gemeinschaft zu leben, und hat praktisch gar keine andere Wahl, als sich auf andere einzustellen. Was nicht bedeutete, dass es keinen Streit gab. Unsere Eltern haben all unsere Kabbeleien auch nie zu unterbinden versucht. Meine Mutter war als Pfarrfrau ohnehin voll eingebunden, sie hatte gar nicht die Zeit, jeden einzelnen Streit zu schlichten. So haben wir selbst gelernt, mit Konflikten umzugehen und einander auch da auszuhalten, wo es schwer war. Ganz offensichtlich hat mir das Zusammenleben in der Familie Lust auf Gemeinschaft gemacht.

In den USA, wo ich eine Weile studierte, haben meine Frau und ich in einer christlichen Wohngemeinschaft gelebt. Wir lebten als Lutheraner, Unierte, Mennoniten, Anglikaner und Baptisten zusammen. Die Mehrzahl von uns waren Theologiestudenten. So unterschiedlich unsere Glaubensrichtungen waren, so sehr haben wir doch das Verbindende gesucht. Jeden Morgen setzten wir uns zu einem Gebetskreis zusammen. Es gab eine hohe Übereinstimmung von Werten und Idealen, aber auch eine große Pluralität in Glaubensfragen – und Neugierde aufeinander. Und wir hatten ganz gewiss unterschiedliche Lebensstile und -ziele: Es gab eine lesbische Mitbewohnerin und über sie kamen auch schwule Kommilitonen bei uns vorbei, was für mich damals alles sehr neu war. Und, selbstverständlich, hatten wir neben all den philosophischen, theologischen und politischen Debatten auch angeregte Diskussionen über Putzpläne und die sachgemäße Benutzung der Toilette.

Es war Zufall, dass wir ausgerechnet in einer Straße wohnten, in der es eine lutherische Gemeinde, St. Philips, gab. Für meine Frau und mich wurde sie zur Heimat. Fast alle Gemeindeglieder waren schwarz. Dazwischen wir weißen Studenten im Gottesdienst. Als Minderheit wurden wir herzlich und unvoreingenommen aufgenommen. Der dortige Pfarrer, Richard Wallace, war für mich ein sehr wichtiger Mensch. Er hat meine Spiritualität und meine Art zu predigen stark beeinflusst. Ein Satz, den Richard in einer Predigt immer wieder wiederholt hat, ist mir besonders in Erinnerung geblieben: „God don't make no junk." Übersetzt heißt das: „Gott macht keinen Abfall."

Damit sprach Richard den Menschen in seiner Gemeinde – viele von ihnen in Armut lebend und ohne Perspektive – zu: Glaubt an euch und an eure Gaben und Talente. Ihr seid Gottes Geschöpfe! Er hat sehr leidenschaftlich und mit Nachdruck gepredigt und das hat mich bleibend beeindruckt. Für mich war es eine besondere Erfahrung, als Weißer in der Minderheit zu sein. Der Kirchenchor war ein Gospelchor. Und wir haben das ganze Jahr über mitgesungen. Die Melodien sind mir bis heute im Herzen geblieben.

Die Zeit in Oakland war ganz wichtig für mich. Ich habe zum ersten Mal in meinem Leben über längere Zeit erfahren, wie bereichernd es ist, in unterschiedlichen Kulturen zu leben und sie miteinander zu teilen. Zu dem Schönsten, was ich bei meiner Amtseinsetzung zum Bischof am 30. Oktober 2011 in der Nürnberger Lorenzkirche erfahren habe – und da gab es wahrhaft vieles Schöne! –, gehört der Reichtum der unterschiedlichen Kulturen, die dort sichtbar waren. Viele ökumenische Gäste von allen Kontinenten der Welt waren gekommen, um mich dabei zu begleiten. Ob die Unterschiedlichkeit der Hautfarben oder die Buntheit der liturgischen Gewänder, die Vielfalt der Sprachen oder auch das bunte Haar meiner Ordinationsassistentin aus der Werkstatt für Menschen mit Behinderung, in der ich einmal gearbeitet habe – es war eine einladende, offene, Grenzen überschreitende Kirche, wie ich sie mir wünsche, die an diesem Tag besonders eindrucksvoll sichtbar geworden ist. Der Tag meiner Amtseinführung ist mir im Herzen geblieben wie wenige andere Tage in meinem Leben.

AUSZUG AUS EINER PREDIGT AM 29.6.2014 IN WÜRZBURG, ST. STEPHAN

Auch in dieser Kirche – das wage ich zu behaupten – sitzen immer wieder Menschen, die sich diese Frage stellen: Gehöre ich überhaupt dazu? Bin ich nur Gast? Oder bin ich gar Fremdling?

Vielleicht kommt jemand in den Gottesdienst und weiß nicht, wann er aufstehen muss, wie die gemeinsam gesprochenen Gebete gehen und was man singen muss beim Abendmahl. Vielleicht fühlt er sich unsicher oder hat Angst, etwas falsch zu machen. Da könnte es schon sein, dass er sich die Frage stellt: Darf ich mich trotz meiner Unbeholfenheit wirklich als Hausgenosse Gottes fühlen? Manche unter uns stylen sich etwas anders als die übrigen Gottesdienstbesucher. Sie könnten sich fragen: Ob die anderen mich wohl mit meiner Frisur akzeptieren – oder bin ich für sie ein Fremdling oder bestenfalls Gast? Kürzlich hat mir jemand erzählt, dass er in einen Gottesdienst gegangen ist und sich arglos an einen bestimmen Platz setzte, um dann kurz darauf von einer ankommenden Gottesdienstbesucherin in leicht vorwurfsvollem Ton zu hören, er sitze auf ihrem Platz. Der Enthusiasmus der Vorfreude auf den nächsten Gottesdienstbesuch dort hat sich vermutlich in Grenzen gehalten. Hausgenossenschaft Gottes fühlt sich anders an.

Deswegen ist es umso ermutigender, umso inspirierender, umso zukunftsträchtiger, wenn wir überall in unserer Kirche zu einladenden Gemeinden werden. Lasst uns offen und neugierig auf Menschen zugehen, die sonst nie da sind. Lasst uns die Kinder im Gottesdienst willkommen heißen, auch wenn sie manchmal ihre eigene lautstarke Art haben, Gott zu loben. Lasst uns hören, was die Menschen, die neu kommen, sich wünschen, auch wenn es unseren eigenen Traditionen nicht entspricht. Lasst uns zur missionarischen Kirche werden, nicht so, dass wir andern das überstülpen, was wir selbst für das Evangelium halten, sondern so, dass wir uns mit anderen zusammen auf die Suche nach einer Antwort auf die Frage machen, die Dietrich Bonhoeffer als die Leitfrage der Kirche gesehen hat: Wer ist Christus für uns heute?

CHRISTLICH LEBEN

Wenn wir uns die Fragen stellen: Wie wollen wir eigentlich leben? Wie sieht es aus, das gute Leben? – dann finden wir in der Bibel wichtige Hinweise – etwa im 1. Thessalonicherbrief, Kapitel 5, Vers 14 bis 24. Bei aller Fremdheit der alten Worte ist es, als spräche Paulus direkt zu uns, als wollte er uns für unseren weiteren Weg Orientierung geben: „Wir ermahnen euch aber, liebe Brüder. Weist die Unordentlichen zurecht, tröstet die Kleinmütigen, tragt die Schwachen, seid geduldig gegen jedermann. Seht zu, dass keiner dem andern Böses mit Bösem vergelte, sondern jagt allezeit dem Guten nach untereinander und gegen jedermann. Seid allezeit fröhlich, betet ohne Unterlass, seid dankbar in allen Dingen; denn das ist der Wille Gottes in Christus Jesus an euch. Den Geist dämpft nicht. Prophetische Rede verachtet nicht. Prüft aber alles und das Gute behaltet. Meidet das Böse in jeder Gestalt. Er aber, der Gott des Friedens, heilige euch durch und durch und bewahre euren Geist samt Seele und Leib unversehrt, untadelig für die Ankunft unseres Herrn Jesus Christus. Treu ist er, der euch ruft; er wird's auch tun."

Wie ein kleiner Katechismus für das christliche Leben sind diese Worte – wie ein Leuchtturm, auf den wir schauen können, wenn wir in der heutigen Welt den Kompass verloren haben, wenn wir auf hoher See segeln und eigentlich gar nicht wissen, wo wir hinsegeln.

Es geht noch ziemlich harmlos los: „Weist die Unordentlichen zurecht!" Man könnte jetzt denken, es geht um saubere und schön gebügelte Hemden oder um mahnende Worte, die sich an den chaotischen Teenager richten. Aber es geht natürlich um mehr. Es geht darum, dass wir uns an Gepflogenheiten halten, die das Zusammenleben überhaupt erst ermöglichen. Es hat etwas ungeheuer Entlastendes, wenn wir solche Regeln nicht immer neu erfinden müssen, sondern sie von denen lernen können, die vor uns waren. Zum Beispiel, dass man andere Menschen grüßt und ihnen damit Respekt erweist. Dass man bereit ist, auf andere zu hören, anstatt immer nur selbst zu reden. Dass man nicht immer andere den Dreck wegräumen lässt, sondern selbst mit anfasst. All dies sind nicht spießbürgerliche Regeln, sondern Ausdruck von Achtsamkeit den Mitmenschen gegenüber. So lebt es sich einfach besser. Macht ihnen das klar – sagt Paulus –, weist die Unordentlichen zurecht.

Und dann kommt etwas, was solcher Achtsamkeit besonderen Ausdruck verleiht: „Tröstet die Kleinmütigen!" Damals war es wahrscheinlich in der Gemeinde genauso wie heute: Da gibt es die Selbstbewussten, die immer gleich wissen, wie es gemacht wird, die in ihrem Temperament und in ihrer Schaffenskraft ein Riesenschatz für die Gemeinde sind, die extrovertiert sind und deutlich zu sagen vermögen, wo es langgehen soll. Es gibt aber auch die eher Leisen, die zum Selbstzweifel neigen, die eher Fragen stellen, als die Marschrichtung vorzugeben, die aber gerade in ihrer sensiblen Zurückhaltung der Gemeinde ungeheuer viel geben können. Geht einfühlsam und achtsam mit ihnen um, sagt Paulus. Sonst geht eurer Gemeinde ein großer Schatz verloren!

„Tragt die Schwachen!", fährt Paulus fort. Es ist der Appell, ernst zu nehmen, was Jesus gesagt hat, nämlich: „Was ihr dem geringsten meiner Brüder und Schwestern getan habt, das habt ihr mir getan!" Ja, es ist Teil eines guten Lebens, wenn wir füreinander einstehen, egal, ob wir zu den Starken oder zu den Schwachen gehören. Wir bekommen ein im tiefen Sinne glücklicheres Leben geschenkt, wenn wir wissen, dass *alle* Menschen in Würde leben können. Wenn wir zum Beispiel bereit sind, diejenigen, die nach schrecklichen Gewalterfahrungen nach Deutschland fliehen, aufzunehmen, auch wenn es schwer ist, sie unterzubringen.

Tragt die Schwachen! Was zunächst wie eine moralische Mahnung klingt, entpuppt sich als Ruf in die Verantwortung, dessen Wahrheit die Seele schnell erkennt. Jeder von uns weiß, wie er sich fühlen würde, wenn er selbst in einer solchen Situation der Schwachheit stecken würde. Jeder wäre überaus dankbar, wenn er dann von den anderen getragen würde. Alles, was ihr wollt, dass euch die Leute tun sollen, sagt Jesus, das tut ihnen auch. Deswegen: Tragt die Schwachen!

Und dann sagt Paulus: „Seid geduldig gegen jedermann!" Ach, wenn das doch nur einfacher wäre! Auch unter Christenmenschen, auch in unseren Gemeinden lieben sich ja nicht alle immer. Ja, es gibt Kirchenvorstandssitzungen, in denen zu vorgerückter Stunde eine spürbar genervte Stimmung herrscht. Der eine spürt, er muss unbedingt noch etwas sagen. Die andere denkt: Kann denn dieser Vielredner nicht mal seinen Mund halten, so dass wir endlich nach Hause kommen? Wir haben eben oft starke Persönlichkeiten in unseren Kirchenvorständen.

Geduldig zu sein gegen jedermann bezieht sich aber auch darauf, ganz andere Charaktere auszuhalten. Es mag die vom Leben gezeichnete Alkoholikerin sein, die sich Schutz und Stabilität in einer Gruppe erhofft. Oder der junge Mann, der vielleicht öfter Dativ und Akkusativ verwechselt und sich nicht besonders geschliffen ausdrücken kann. Sich hier ganz auf den anderen einzulassen, die Fremdheit zuzulassen und sich möglichst vorbehaltlos auf die Begegnung zu konzentrieren, das gelingt, wenn wir uns klarmachen, dass Gottesliebe immer auch Menschenliebe ist.

In einer meiner ersten Predigten, noch als Student in Heidelberg, habe ich über 1. Korinther 1,27–28 gesprochen: „Sondern das Törichte der Welt hat erwählt Gott, damit er beschäme die Weisen, und das Schwache der Welt hat erwählt Gott, damit er beschäme das Starke und das Niedriggeborene der Welt, und das Verachtete hat Gott erwählt, das nicht Seiende, damit er das Seiende zunichte mache.“ Ich erinnere mich noch sehr gut daran, dass es im Anschluss an den Gottesdienst ein Nachgespräch gab, bei dem sich eine Frau meldete, die ich vom Sehen her kannte, über die ich aber sonst nichts wusste. Sie arbeitete als Reinigungskraft und sagte nun im Predigtnachgespräch, dass sie schon versucht habe, einige ihrer Kolleginnen für den Gottesdienst zu gewinnen, doch die hätten abgelehnt mit der Begründung: „Nein, die Sprache in der Kirche verstehen wir gar nicht, das ist nicht unsere Welt." Das hat mir damals die Augen geöffnet, ich habe dieses Gespräch nie vergessen.

Manchmal bewegen wir uns in den Kirchengemeinden in einem sehr begrenzten Milieu und merken es gar nicht. Ein bestimmter Musik- und Kunstgeschmack verbindet uns – und wir merken gar nicht, wie stark bildungsbürgerlich geprägt er ist und wie sehr er auch ausschließende Wirkung haben kann. Aber ich selbst erlebe – wie viele andere anderswo – in meinem Umfeld in München, wie Kirchengemeinden bewusst die Milieus durchbrechen.

In St. Matthäus beispielsweise, wo ich als Landesbischof gemeindlich verwurzelt bin, gibt es ein Frühstück, zu dem die Obdachlosen, die vor der Tür und in der Nähe übernachtet haben, kommen. Immer mal wieder kommt sonntags auch einer von ihnen zum Gottesdienst. An Weihnachten feiern wir immer mittags einen Gottesdienst zusammen mit Obdachlosen und sozial besonders bedürftigen Menschen. Anschließend gibt es ein Weihnachtsessen mit Schweinebraten und Klößen. In der Nachbargemeinde St. Lukas gibt es im Winter eine Obdachlosenunterkunft für Frauen. Andere Gemeinden haben ähnliche Angebote.

Es geht nicht nur darum, materiell zu helfen, wo Hilfe dringend nötig ist. Wirklich angekommen sind wir, wenn Menschen aus allen Milieus in den Gottesdienst kommen, um gemeinsam zu singen, zu beten und auf Augenhöhe vor Gott zu treten, um zur Gemeinde zu werden.

NÄCHSTENLIEBE UND LIEBE ZUR WELT

Als der Heilige Geist an Pfingsten auf die Menschen niederkommt, verstehen sich in der biblischen Erzählung die Menschen, obwohl sie unterschiedliche Sprachen sprechen. Auch in unseren Gottesdiensten soll es so sein, dass lauter Leute aus ganz unterschiedlichen Welten kommen, die eigentlich wenig miteinander verbindet: Arbeitnehmer und ihre Chefs, Menschen, die von Hartz IV leben, und Menschen, die mit Wohlstand gesegnet sind. Tief verwurzelte Gemeindeglieder sind da und Menschen, die die Kirche eher mit Distanz sehen, ihr vielleicht sogar entfremdet sind.

Paulus sagt: „Wir aber haben nicht empfangen den Geist der Welt, sondern den Geist aus Gott." Heißt dies, dass wir uns, wenn wir den Geist Gottes empfangen haben, aus der Welt zurückziehen sollen? Man könnte Paulus ja durchaus so verstehen, dass er die Welt als Gefahr für den Glauben sieht und dazu rät, sich möglichst von weltlichen Fragen fernzuhalten. Heraus käme dann eine kirchliche Kontrastgesellschaft, die ihre Identität vor allem darin sucht, anders als die Welt zu sein. Doch das ist für mich nicht der Weg. Denn solche Kontrastgesellschaften, die sich in ihrer Gewissheit sonnen, die Erwählten zu sein, sind leider viel zu oft sehr selbstgerecht und blind für die eigenen dunklen Flecken. Und Paulus hat gerade keine abgekapselte entweltlichte Kontrastgesellschaft im Blick, sondern die Welt als ganze. Christus – so schreibt er mit großer Leidenschaft im 2. Korintherbrief – hat die ganze Welt mit sich versöhnt.

Inspiriert von diesen Worten hat Dietrich Bonhoeffer formuliert: „Die Wirklichkeit Gottes erschließt sich nicht anders, als indem sie mich ganz in die Weltwirklichkeit hineinstellt; die Weltwirklichkeit aber finde ich immer schon getragen, angenommen, versöhnt in der Wirklichkeit Gottes vor. Das ist das Geheimnis der Offenbarung Gottes in dem Menschen Jesus Christus."

Das, was in diesen Worten Bonhoeffers zum Ausdruck kommt, ist eine intensive Liebe zur Welt und damit eine tiefe Menschenliebe. Für mich zeigt sich diese Liebe ganz besonders kraftvoll im ehrenamtlichen Engagement. Immer wieder treffe ich auf beeindruckende Menschen, die ehrenamtlich tätig sind. Ohne ihre inzwischen 1,2 Millionen Ehrenamtlichen wäre unsere evangelische Kirche einfach nur arm. Und tatsächlich ist die Bereitschaft, unentgeltlich für die Gemeinschaft zu wirken, viel höher, als gemeinhin angenommen wird. Aktuelle Zahlen zeigen: Immer mehr Menschen engagieren sich ehrenamtlich für ihre Kirche. Allein in der Evangelisch-Lutherischen Kirche in Bayern sind 150 000 Menschen ehrenamtlich tätig, das sind rund 2,1 Mio. Stunden pro Monat, was einem zeitlichen Aufwand von 12 000 Vollzeitstellen entspricht. Die meisten Menschen sagen: „Mir geht es so gut, ich finde, da muss ich einfach etwas für andere tun, denen es nicht so gut geht." Oft sind es auch Menschen, die früher einmal selbst von einer schweren Situation betroffen waren und Hilfe, die sie erfahren haben, an andere weitergeben wollen. Wenn alte Menschen, die hier nach dem Zweiten Weltkrieg als Heimatvertriebene hergekommen sind, sich wegen der eigenen Erfahrung heute für Flüchtlinge engagieren, ist das genau dieses Motiv. Ich habe aus meiner Zeit als Gemeindepfarrer zahlreiche ganz konkrete

Menschen vor Augen. Sie machen mit beim Besuchsdienst, weil ihnen die Einsamkeit so vieler, die niemanden haben, nicht egal ist. Sie engagieren sich in guter evangelischer Tradition im Kirchenvorstand, weil sie ihre Kirche lieben und die Gemeinde voranbringen wollen. Sie investieren Zeit in den Asylkreis, weil sie wissen, dass ihr Glaube Konsequenzen für den Umgang mit den Fremden hat. Sie alle sind wie Funken, die die Botschaft von Nächstenliebe ausstrahlen und durch ihr Vorbild ansteckend wirken.

Sich für andere einzusetzen, ist eine Lebenshaltung, die durchaus auch nicht-religiös aus dem Geiste des Humanismus begründet werden kann. Und, ganz wichtig: Engagement für die Gemeinschaft bedeutet nicht vorrangig Aufopferung und Selbstverleugnung. Sondern es bedeutet Engagement in Beziehungen, die auf Gegenseitigkeit angelegt sind. Das darf man nicht mit ökonomischem Nutzendenken verwechseln, das für jede Leistung eine Gegenleistung fordert. Sondern solches Engagement hat einen Blick dafür, wie viel reicher wir selbst durch unser Engagement werden und wie viel wir zurückbekommen, gerade dort, wo wir nicht auf den ökonomischen Vorteil fixiert sind. Und es behandelt die Menschen, denen wir helfen, nicht als Hilfsobjekte, als die Schwachen, die unser Mitleid erregen und zu denen wir uns herabbeugen, sondern als Menschen, die ebenso wie wir selbst Achtung und Respekt verdienen.

Kapitel 3

GERECHTER HANDELN

DASS MAN UNGERECHTIGKEIT ERKENNT, daran leidet und sie nicht hinnehmen will – auch das ist Nächstenliebe. Denn wenn wer sich von Gott getragen fühlt und so verbunden mit den Menschen ist, der sieht die Not des anderen und schaut nicht weg. Was mir keine Ruhe lässt, das sind 24 000 Menschen, die täglich sterben, weil sie nicht genug zu essen oder keine ausreichende medizinische Versorgung haben. Diese Zahl ist für mich unfassbar. Es ist ein Skandal, dass es uns bei allem, was der Mensch kann, immer noch nicht gelungen ist, die Grundbedürfnisse aller Erdenbewohner zu decken.

Ich glaube, dass ich darüber vor dem Richterstuhl Gottes einmal Rechenschaft ablegen werden muss. Dass mich Gott fragt, warum ich mich nicht mein ganzes Leben lang mit aller Energie dafür eingesetzt habe, dass Menschen nicht mehr sterben müssen, weil die Ressourcen auf dieser Erde so ungerecht verteilt sind. Ich weiß, dass man die Probleme nicht einfach nur mit Spendengeldern lösen kann. Aber dass Hunger überwindbar ist, das ist klar. Und deshalb treibt es mich auch so um, dass wir das bisher nicht geschafft haben.

AUSZUG AUS EINER BIBELARBEIT ZU MATTHÄUS 25,31–46 BEIM ÖKUMENISCHEN KIRCHENTAG 2010 IN MÜNCHEN

Ich frage mich immer: Was ist die Frage, die man unserer Generation in 90 Jahren stellen wird? Ich versuche mich hineinzuversetzen in die Zukunft. Wie werden die Menschen an der Schwelle zum 22. Jahrhundert über uns heute reden? Und ganz besonders: Wie werden sie über uns Christenmenschen reden, die wir hier in diesen Tagen wieder zu Hunderttausenden zusammen sind?

Hören Sie dazu einen imaginären Pressebericht aus dem „Global Electronic Observer", dem mit 2 Milliarden Abonnenten weltweit größten Nachrichtenmedium des 22. Jahrhunderts. Der Bericht ist in der Ausgabe vom 15. Januar des Jahres 2100 zu finden:

Aufarbeitung der Geschichte gefordert

Bei einer internationalen Millenniums-Konferenz im südafrikanischen Cape Town haben führende Historiker gestern eine neue Anstrengung zur Aufarbeitung der Geschichte des 21. Jahrhunderts gefordert. Der weltweit renommierte deutsche Historiker Michael Misakwani erinnerte an die massive Verletzung der Menschenrechte, die die ganze erste Hälfte des 21. Jahrhunderts gekennzeichnet habe. Misakwani, der selbst afrikanische familiäre Wurzeln hat, wies insbesondere auf das unsägliche Leid hin, dass der Mangel an Nahrung und medizinischer Grundversorgung in vielen Ländern Afrikas gefordert habe. Heute unvorstellbare 25 000 Tote seien damals aus Armutsgründen jeden Tag zu beklagen gewesen. Schon damals sei klar gewesen, dass es auf der Welt genug Nahrungsmittel und

Medizin gebe, um jedem Menschen ein Existenzminimum und medizinische Versorgung zu garantieren. Insbesondere im ersten Jahrzehnt des 21. Jahrhunderts sei der Reichtum in Teilen der Welt sprunghaft angestiegen, ohne dass die Ressourcen zur wirksamen Bekämpfung der Armut genutzt worden seien. Auch die Weltwirtschaftskrise des Jahres 2008 habe nur für ein vorübergehendes Nachdenken gesorgt. Das garantierte weltweite Grundeinkommen, auf das heute jeder Erdenbürger und jede Erdenbürgerin Anspruch habe, sei damals von vielen noch als illusionäre Idee gesehen worden, obwohl die Ressourcen dafür schon damals dagewesen seien. Die Religionsgemeinschaften hätten zwar immer wieder die weltweiten Ungerechtigkeiten angeprangert. Viele ihrer Mitglieder hätten aber damals an den Schaltstellen der Macht gesessen, ohne dass sie die durch Armut bedingten massiven Menschenrechtsverletzungen gestoppt hätten. Bis heute, so Misakwani, habe die historische Wissenschaft noch nicht wirklich aufgearbeitet, wie es dazu kommen konnte.

Der Harvard-Historiker John Obama, ein Nachfahre des ersten schwarzen Präsidenten der USA, wies auf die Komplexität der wirtschaftlichen Zusammenhänge in den damaligen ersten Jahrzehnten der Globalisierung hin. Die wirtschaftliche Dynamik sei so groß gewesen, dass die humanitäre Dynamik damit nicht Schritt gehalten habe. Viele der damals führenden Ökonomen und Politiker seien ernsthaft davon überzeugt gewesen, dass sich die Überwindung der Armut von selbst einstellen werde, wenn wirtschaftlichen Aktivitäten möglichst wenig Grenzen auferlegt würden. Sie seien sich deswegen der moralischen Fragwürdigkeit des herrschenden Wirtschaftssystems gar nicht bewusst gewesen.

Einen besonderen Akzent setzte die chinesische Kirchengeschichtlerin Ka Wee Yan. Yan, die bei der Konferenz die OECC (One Ecumenical Church of Christ) vertrat, analysierte in ihrem Vortrag die Rolle der Kirchen. Die damals noch in verschiedenen Konfessionen getrennten Kirchen – so Yan – seien zum einen häufig so sehr mit sich selbst beschäftigt gewesen, dass sie die moralische Brisanz der existierenden Zustände unterschätzt hätten. Zum anderen habe trotz der schon damals vorhandenen Medien die unmittelbare Konfrontation mit dem täglichen Elend und Tod gefehlt. Viele Christinnen und Christen hätten schon damals engagiert geholfen, wenn sie persönlich mit Leid konfrontiert gewesen seien. Die weltweiten Ungerechtigkeiten hätten sie aber für unüberwindbar gehalten, sowenig das im Rückblick nachvollziehbar sei. Yan plädierte dafür, sich nicht auf dem Erreichten auszuruhen. Man habe zwar in den letzten Jahrzehnten die Voraussetzung dafür geschaffen, dass jeder Mensch auf Erden ein materiell sorgenfreies Leben führen könne. Die vollständige Integration der Technik in das menschliche Leben im 21. Jahrhundert habe aber neue Herausforderungen für das zwischenmenschliche Zusammenleben geschaffen.

Auch verschiedene andere Diskussionsbeiträge der Tagung plädierten dafür, Lehren aus der Geschichte zu ziehen. Das 21. Jahrhundert habe in der neueren Geschichte eine besondere Stellung, nur zu vergleichen mit dem Zeitalter der Reformation in Europa. Damals seien politische und religiöse

Konstellationen entstanden, die Jahrhunderte nachgewirkt hätten. Das 21. Jahrhundert könne als Zeitalter der weltweiten „Transformation“ bezeichnet werden, das den Durchbruch zu einer echten Weltgesellschaft gebracht habe.

So weit der fiktive Pressebericht aus dem „Global Electronic Observer“ des Jahres 2100. Manchmal hilft erst die Distanzierung vom Gewohnten, Selbstverständlichen dabei, die Unselbstverständlichkeit, in der wir leben, zu verstehen.

Wer wie ich viel in der Welt herumkommt, dem begegnen Leid und Ungerechtigkeit ganz unmittelbar. Wenn ich in Ruanda bin und Jugendliche erlebe, die etwas aus sich machen wollen, aber noch nicht einmal die Gebühren für die höhere Schule bezahlen können, dann kann ich das nicht mehr vergessen, wenn ich nach Hause komme. Wenn ich in Südafrika sehe, wie die lange Zeit der Rassentrennung massive Spuren hinterlassen hat, und nach wie vor Millionen von Menschen in Slums wohnen und – wenn sie überhaupt Arbeit haben – Hungerlöhne gezahlt bekommen, dann frage ich mich: Was muss sich in der Weltwirtschaft ändern, damit gute Arbeit auch gerecht bezahlt wird? Wenn ich die lutherischen Geschwister in Myanmar besuche und sehe, wie sie mit fast nichts eine theologische Ausbildung zu organisieren versuchen, dann denke ich mir: Warum müssen sie so kämpfen, nur weil sie in der falschen Gegend der Welt geboren worden sind?

Auch wer nicht selbst reisen kann, bekommt die Bilder von Leid und Ungerechtigkeit in der Welt über den Fernseher in sein Wohnzimmer gesendet. Wie damit umgehen? Es ist nicht leicht, das auszuhalten. Wenn ich selbst in Krisenregionen unterwegs bin oder wenn ich aus der Ferne am Leid anderer Menschen Anteil habe, habe ich den Reflex: Hier will ich helfen. Und natürlich kann ich einiges tun. Indem ich öffentlich Stellung nehme. Oder indem ich mit meinen persönlichen Möglichkeiten im Verborgenen helfe. Aber wie viel bleibe ich schuldig? Und wie gehe ich damit um, dass ich an so vielen Stellen meinen eigenen moralischen Maßstäben nicht gerecht werde?

Es gibt wahrscheinlich keine andere Frage, bei der für mich das, was Martin Luther zu seinem reformatorischen Neuaufbruch veranlasst hat, so lebensentscheidend ist wie diese Frage. Luther hat die Einsicht des Paulus neu entdeckt, dass der Mensch „gerechtfertigt ist allein aus Glauben und nicht aus den Werken". Luther selbst hat alles getan, um den Geboten Gottes gerecht zu werden, um durch das richtige Handeln bei Gott zu punkten. Und er ist daran gescheitert, so wie ich heute daran scheitere, durch mein moralisch möglichst gutes Verhalten Frieden mit Gott und mir selbst zu finden.

Welche Befreiung ist es da, zu wissen: Ich muss nicht an meiner moralischen Unvollkommenheit verzweifeln. Ich darf wirklich „gerechtfertigt allein aus Glauben" leben. Weil Christus für mich eintritt, weil er für mich gestorben ist und alle meine Sünden mit ins Grab genommen hat und ohne sie wieder auferstanden ist und mich hineinnimmt in das neue befreite Leben. Ich darf meine eigene Unzulänglichkeit in Gottes Hand legen und darauf vertrauen, dass er vollendet, was bei mir Fragment bleibt.

AUSZUG AUS DER PREDIGT AM 17.10.2014 IN ORTENBURG

Es ist Zeit, dass wir ein gemeinsames Zeugnis ablegen in einer Welt, die lechzt nach genau der Botschaft, die die alten Worte des Paulus über die Rechtfertigung allein aus Glauben und nicht aus den Werken zum Ausdruck bringen.

Ja diese Botschaft ist hochaktuell! Die Menschen brechen heute reihenweise unter der Last der Ansprüche zusammen. Junge Mädchen hungern so lange, um schlank zu sein, bis sie ins Krankenhaus eingeliefert werden müssen. Schülerinnen und Schüler sollen möglichst schnell fit für die Globalisierung gemacht werden. Und wenn sie bei Studienbeginn noch nicht mal volljährig sind, müssen die Eltern eben beim Einschreiben in die Universität mitkommen, um die notwendige Unterschrift zu leisten.

Alles muss heute effektiv sein. Die Frequenz in den Betrieben hat sich so stark verdichtet, dass viele Menschen völlig erschöpft von der Arbeit kommen und keine Energie mehr für die Familie haben. Und auch unter uns Pfarrerinnen und Pfarrern, die wir doch selbst die Botschaft von der Rechtfertigung verkündigen sollen und das auch immer wieder tun, wird zunehmend das Gefühl zum Ausdruck gebracht, dem Druck der Anforderungen aus den Gemeinden nicht mehr gewachsen zu sein.

Es ist inzwischen so oft in der Öffentlichkeit von „Burnout" die Rede, dass manche schon von einer „Modediagnose" sprechen. Dabei ist es völlig egal, wie man das nennt, was da passiert. Dass es passiert, ist das Entscheidende. Und wenn die Diagnose so häufig gestellt wird, besteht Handlungsbedarf.

Da ist es nicht nur für die Kirche, sondern für unsere Gesellschaft als ganze eine rettende Botschaft, wenn Paulus sagt: „So halten wir nun dafür, dass der Mensch gerecht wird ohne des Gesetzes Werke, allein durch den Glauben."

Denn das heißt nichts anderes als das: Du musst dir deinen Wert als Mensch nicht erst verdienen. Du musst nicht erst etwas geleistet haben, bevor du etwas giltst. Du musst noch nicht einmal ein besonders guter Mensch sein, bevor du etwas bist.

Du darfst einfach sein! Weil Gott dich zu seinem Bilde geschaffen hat! Weil Gott auf dich schaut und dabei lauter Liebe aus ihm strömt. Weil Gott, wie Luther gesagt hat, ein „glühender Backofen voller Liebe" ist. Weil Gott in Christus alles, was du selbst an Barrieren immer wieder aufrichtest, was die Alten „Sünde" genannt haben, weil Gott das alles in Christus weggefegt und du jetzt wirklich wieder sein darfst, was du bist: Gottes gutes Geschöpf, das Gott nie und nimmer aufgibt und nie und nimmer aufgeben wird. Ja, du darfst einfach sein!

Liebe Gemeinde, nicht nur die Kirche braucht eine andauernde Reformation. Unsere Gesellschaft als ganze braucht eine Reformation. Eine Reformation, die wieder neu ins Zentrum rückt, dass wir Menschen zuerst sein dürfen, bevor wir etwas tun.

Das Erstaunliche ist: Das im Herzen zu spüren führt nicht zu Teilnahmslosigkeit und Selbstberuhigung. Es führt nicht dazu, die Hände in den Schoß zu legen. Sondern es führt zum Gegenteil. Anstatt angesichts der Fülle der Probleme zu resignieren, setzt es neue Kräfte frei. Es ermöglicht ein Leben, das die Dankbarkeit für das eigene Glück mit dem Eintreten für eine Welt verbindet, in der alle an der Fülle des Lebens teilhaben können. Es führt von einer lähmenden moralischen Selbstzerknirschung zu einem befreiten Nutzen der je eigenen Kräfte. Es führt dazu, im eigenen persönlichen Leben der Versuchung zu widerstehen, den moralischen Helden zu spielen, und stattdessen in den kleinen Dingen achtsam für die anderen zu sein und in den großen Dingen zusammen mit anderen für Veränderungen einzutreten.

Als Kirchen versuchen wir das weltweit zu tun. Bei der Vollversammlung des Weltkirchenrates im südkoreanischen Busan haben wir 2013 in der Abschlusserklärung formuliert: „Wir setzen uns ein für eine Wirtschaft, die dem Leben dient, für die Überwindung einer Ungleichheit, die den Armen ihre Chancen auf gerechte Teilhabe nimmt." Ja, Papst Franziskus hat recht und viele Äußerungen des Weltkirchenrats haben es seit langem immer wieder festgestellt: Eine Wirtschaft tötet, die rücksichtslos Kapitalinteressen an die erste Stelle stellt und über die verheerenden Auswirkungen auf die Schwächsten hinweggeht. Deswegen treten wir für eine soziale und ökologische Marktwirtschaft ein, die den wirtschaftlichen Wohlstand auch den Schwächsten zugutekommen lässt. Irgendwann wird niemand mehr auf dieser Welt sterben, weil er nicht die Medizin oder die Nahrung hat, die er zum Leben braucht.

Auf dem Wege dahin braucht es viele kleine Schritte. Beim Kirchentag 2015 habe ich an einer Gesprächsrunde unter dem Titel „Wie viel Ethik verträgt das Geschäft?" mit der Grünen-Bundestagsabgeordneten Renate Künast, Miriam Saage-Maaß von Brot für die Welt und Friedensnobelpreisträger Kailash Satyarthi teilgenommen. Wir haben über

Wege diskutiert, wie man erreichen kann, dass Unternehmen sich weltweit an ökologische und soziale Standards halten, etwa, wenn es um die Textilien geht, die wir tragen. Es war eine dieser Diskussionen, bei denen ich wieder mal merkte, wie kompliziert es ist, ganz konkret für eine bessere Welt zu sorgen. Im Oktober 2014 hatte der Bundesentwicklungsminister Gerd Müller ein „Textilbündnis" angestoßen, einen Verhaltenscodex für deutsche Unternehmen bei Einkäufen in Drittweltländern. Inzwischen sind zahlreiche Großunternehmen beigetreten, was wiederum für kleine Firmen eine Sogwirkung zu entfalten verspricht. Für Unternehmen stehen immer auch die Frage des Gewinns und die Behauptung im Wettbewerb mit billigeren Angeboten im Raum. Freiwilligkeit, das war ein wichtiges Ergebnis der Gesprächsrunde, reicht nicht. Der Staat muss verbindliche Regeln schaffen, um sozialen und ökologischen Mindeststandards überall auf der Welt zum Durchbruch zu verhelfen. Eine Abstimmung im Rahmen der Europäischen Union wäre ein wichtiger Schritt dazu.

Das alles hat nur Aussicht auf Erfolg, wenn die Konsumenten auch mitmachen. Aber um faire Textilproduktion mit je eigenen Kaufverhalten zu unterstützen, müssen wir Konsumenten uns darüber informieren können, was wir kaufen und wie es produziert worden ist. Ich habe daher eine App fürs Smartphone vorgeschlagen, mit der man den Strichcode auf dem Warenetikett lesen kann und darauf Informationen zu den Produktionsbedingungen findet. Nur wenn ich informiert bin, kann ich als Kunde bewusst einkaufen! Damit wäre jedenfalls ein Anfang dafür gemacht, dass faire Produktion und fairer Handel irgendwann nicht mehr die Ausnahme sind, sondern die Regel.

„ICH BIN EIN FREMDER GEWESEN ...“

„Ich bin ein Fremder gewesen und ihr habt mich aufgenommen ...“ Wer das ernst nimmt, der kann gar nicht anders, als sich berühren zu lassen von dem Leid der Flüchtlinge, von dem derzeit die Nachrichten voll sind. Wir sehen die Bilder von gekenterten Flüchtlingsschiffen auf dem Mittelmeer, von Menschen, die völlig erschöpft Lampedusa erreichen. Und leider auch die Leichensäcke der Menschen, die es nicht geschafft haben. Vielen Menschen in Deutschland geht das sehr nahe. Deswegen engagieren sich immer mehr von ihnen ehrenamtlich. Es ist wirklich eindrucksvoll, wie viele Menschen in Deutschland jetzt zur Stelle sind und mit anpacken, wo sie gebraucht werden.

Gerade bei unserem Umgang mit Flüchtlingen wird die Verbindung von Glauben an Gott und unserem Engagement für eine gerechtere Welt offensichtlich. Das Gebot zum Schutz der Fremdlinge zieht sich durch ganz unterschiedliche Traditionen der Bibel. Und wir merken – heute sind wir gemeint. Wir sollten denen beistehen, die nach so viel Erfahrung von Unrecht und Gewalt stumm werden, weil sie keine Tränen mehr haben. Denen, die traumatisiert sind und nur noch weg wollen von den Orten, an denen der Tod herrscht – und die geschlossene Grenzen vorfinden. Denen, die ihr letztes Geld zusammenkratzen oder aus Verzweiflung auch ihren Körper verkaufen, um überhaupt eine Chance zu haben, und die sich dann auf lebensgefährliche Boote pferchen lassen. Als Christen können wir nicht mit ansehen, dass all diese Menschen nur dann eine Überlebenschance haben, wenn sie es bis in die europäischen

Küstenregionen schaffen, wo sie ein Rettungsboot der EU vielleicht aufgreift. Deshalb haben wir als Kirchen natürlich gefordert, dass ihr Leben nicht nur gerettet werden muss, wenn ihre Boote es bis vor die europäische Küste geschafft haben, sondern auch dann, wenn sie sich noch im Mittelmeer auf hoher See bewegen. Wir können Menschen ja nicht sehenden Auges in den Tod fahren lassen. Das wäre eine moralische Bankrotterklärung. Inzwischen hat die Europäische Union glücklicherweise das Gebiet entsprechend ausgeweitet, in dem die Hilfsschiffe patrouillieren. Jetzt geht es darum, alle Kräfte aufzubieten, um die vielen Flüchtlinge, die bei uns Zuflucht suchen, menschenwürdig unterzubringen und ihre Asylanträge so schnell wie möglich zu bearbeiten, um die quälende Wartezeit zu verkürzen. Und vor allem müssen wir längerfristig die Gründe, aus denen die Menschen ihre Heimatländer verlassen, überwinden. Deswegen sind eine faire Handelspolitik und eine beherzte Klimapolitik die beste Flüchtlingspolitik der Zukunft!

An Heiligabend 2014 feierte ich in München einen Gottesdienst mit Flüchtlingen. Es war ein intensives Erlebnis, Menschen zu treffen, die ihre Flucht überlebt hatten, und eben auch viele Haupt- und Ehrenamtliche von Kirche und Diakonie, die bereits seit Wochen unermüdlich mit vielen kleinen Handgriffen dafür gesorgt hatten, diese Flüchtlinge in Würde zu empfangen und sie willkommen zu heißen. Die Lesung der biblischen Weihnachtsgeschichte hat mich wieder einmal daran erinnert, wie sehr sie mit dem Schicksal von Flüchtlingen verbunden ist. Josef und Maria mussten nach dem Bericht des

Matthäusevangeliums mit ihrem kleinen Kind, Jesus, fliehen, weil König Herodes das Kind töten wollte. Das Neugeborene blieb am Leben, weil Maria und Josef in Ägypten Asyl fanden.

Niemand kann heute ernsthaft Weihnachten feiern, ohne auch Anteil an der Situation der 60 Millionen Flüchtlinge überall auf der Welt zu nehmen. Vielleicht haben sie lebensgefährliche Situationen erlebt, ganz sicher aber eine Zeit der Angst und vor allem Ungewissheit hinter sich. Wenn sie nun hier bei uns in Deutschland darauf warten, ob ihr Antrag auf Asyl angenommen wird, leben sie mit vielen Menschen in der gleichen Situation auf engem Raum zusammen.

Kurz vor dem Weihnachtsgottesdienst war ich im mittelfränkischen Dorf Vorra. Dort hatten Rechtsradikale in einer Asyl-Unterkunft Feuer gelegt, kurz bevor die Flüchtlinge ankamen. Das hat leider im Laufe der nächsten Monate andere zum Nachmachen animiert. In Meißen, Lübeck, Tröglitz, Reichertshofen, Remchingen, Aue und anderen Orten wurden bezugsfertige Asyl-Unterkünfte durch Anschläge unbewohnbar gemacht, in Freital bei Dresden marschierten rechtsgerichtete Demonstranten vor einem umgebauten Hotel auf, das Asylbewerbern eigentlich Ruhe und Sicherheit bieten sollte. In Heidenau kam es wiederholt zu rechtsradikalen Aktionen. Es ist beschämend, das zu sehen.

Aber aus diesen Anschlägen sind auch neue Kräfte erwachsen. Die evangelische Gemeinde in Vorra bekam nach dem Anschlag umso mehr Zulauf von Menschen, die Gesicht zeigen und den Asylsuchenden helfen wollten. Und in Freital standen regelmäßig auch Menschen vor dem Hotel, die gegen Rassismus und Ausländerfeindlichkeit demonstrieren und den Asylsuchenden zeigen wollten: Wir sind bei euch – und es gibt auch viele Deutsche, die euch willkommen heißen. Man findet viele solcher Signale der Menschlichkeit, überall in der Republik: Das Lighthouse Welcome Center auf dem Gelände der ehemaligen Bayern-Kaserne in München, die heute als Erstaufnahmeeinrichtung dient, gehört dazu, und die engagierte Arbeit vieler haupt- und ehrenamtlicher Mitarbeiterinnen und Mitarbeiter der Diakonie, die ankommende Flüchtlinge willkommen heißen.

Jetzt bewährt sich auch, dass sich in den letzten Jahren an vielen Orten in Deutschland lokale und regionale Bündnisse gegen Rechtsextremismus gebildet haben. Sie sind so etwas wie die Infrastruktur für eine breite Bürgerbewegung gegen Fremdenfeindlichkeit und für die Menschenwürde, wie sie im Zusammenhang mit den Diskussionen um Pegida sichtbar geworden ist. Als Sprecher des bayerischen Bündnisses für Toleranz, dem mittlerweile 56 Organisationen aus der Mitte der bayerischen Gesellschaft angehören, erlebe ich viele ermutigende Beispiele dafür, wie rassistische und antisemitische Einstellungen in der Mitte der Gesellschaft auch aus der Mitte der Gesellschaft bekämpft werden können. Ich hoffe, dass die rechtsradikalen Angriffe auf Flüchtlingsunterkünfte, die wir erlebt haben, dazu führen, dass die Kräfte der Humanität in Deutschland umso stärker werden. Diese Angriffe machen zornig. Man kann dabei leicht Ohnmachtsgefühle bekommen. Für viele sind sie aber auch Ansporn zu sagen: Jetzt erst recht. Wir werden zeigen, dass nicht Hass und Gewalt, sondern Nächstenliebe und das Eintreten für die Menschenwürde unser Land ausmachen!

Einige christliche Gemeinden gewähren Flüchtlingen Kirchenasyl. Am Ende finden sich meistens bei gutem Willen auf allen Seiten Wege, dass die Flüchtlinge bleiben können. Kirchenasyl kann immer nur ein letztes Mittel sein, wenn einzelne besondere Härten vom Recht einfach nicht erfasst werden. Es ist der Versuch, dem Sinn des Rechts in bestimmten Einzelfällen Geltung zu verschaffen – ein Akt der Nächstenliebe.

Ich bin dankbar für all die Menschen in unseren Kirchengemeinden und darüber hinaus überall in der Gesellschaft und auch in den zuständigen Behörden, die sich für eine den christlich-humanitären Traditionen unseres Landes angemessene, würdige Aufnahme von Flüchtlingen einsetzen und dafür viel Liebe und Lebenszeit investieren. Sie sind für mich Vorbilder für die Exzellenzinitiative der Humanität, die wir jetzt im Umgang mit den Flüchtlingen brauchen!

Es sind auch nicht nur Ehrenamtliche, die sich für Flüchtlinge einsetzen, sondern viele Menschen in den Ministerien, Regierungspräsidien, Landratsämtern und Rathäusern. Sie tun – oft auch als bewusste Christen –, was sie können, um die Unterbringung der Menschen zu organisieren. Manchmal stehen sie dabei vor fast unlösbaren Aufgaben. Und trotzdem machen sie weiter. All das ist gelebte Nächstenliebe.

In solchen Zeiten mag und soll auch ruhig im Vordergrund stehen, dass Nächstenliebe hier vor allem bedeutet, dass die Stärkeren den Schwächeren helfen. Doch am Ende sind wir alle einfach Menschen. Menschen, die wechselseitig aufeinander angewiesen und einander zur Mitmenschlichkeit bestimmt sind.

Dass die wahre Natur des Menschen nicht Egoismus und Selbstzentriertheit ist, sondern dass die uns von Gott gegebene Natur die Mitmenschlichkeit ist, dafür war jener Heiligabendgottesdienst noch einmal ein eindrücklicher Beweis. Dort sind wir alle vereint gewesen in dem Gefühl, von Gott geliebt zu werden. Und es hat ausgestrahlt in die Art, wie wir miteinander umgegangen sind.

KIRCHE ALS MORALAPOSTEL?

Ich werde – gerade im Zusammenhang mit der Flüchtlingsfrage – immer wieder gefragt, ob wir es uns als Kirchen nicht zu leicht machen, wenn wir uns zum Anwalt der Moral erklären und der Politik die schwierigen Steuerungsfragen überlassen. Die damit verbundene pauschale Bezichtigung muss zurückgewiesen werden. Aber die Frage ist wichtig. Wir sollten sie uns selbst immer wieder stellen. Eine Aufgabenverteilung, nach der wir als Kirchen die Vertreter der Moral wären und dann auf die herabschauen, die jeden Tag als politisch Verantwortliche schwere Entscheidungen zu treffen haben und nicht selten in Dilemma-Situationen geraten, wäre eine faule Aufgabenverteilung und auch theologisch falsch. Denn es wäre fragwürdig, wenn wir bei unseren Forderungen nicht die Machbarkeit von politischen Entscheidungen und die Rahmenbedingungen miteinbeziehen würden. Das wäre zu einfach.

Gleichzeitig ist es sicher Aufgabe der Kirche, stets aufs Neue an die ethischen Grundorientierungen unserer Gesellschaften zu erinnern, die unser Zusammenleben ausmachen. Das müssen dann keine detailliert ausgefeilten Konzepte sein, denn die Kirche ist ja keine politische Institution. Aber dass jeder Mensch auf dieser Erde verdient, in Würde zu leben, daran müssen wir immer wieder erinnern. Zuweilen kann dazu ein klares prophetisches Wort angebracht sein, das Nachdenklichkeit erzeugt. Ein solches prophetisches Wort ignoriert nicht die Schwierigkeit der täglichen politischen Entscheidungen, die Kompromisse erfordern. Im Gegenteil: Es will gerade in schwierigen Abwägungen ein Kompass sein, um Richtung zu halten.

Die Zielrichtung des politischen Einsatzes für Gerechtigkeit ist nirgendwo eindringlicher beschrieben als im Buch des Propheten Jesaja. Am Ende des Jesaja-Buches kommt eine Vision von Gerechtigkeit zum Ausdruck, die zeigt, dass die vorrangige Option für die Armen nicht die einen gegen die anderen ausspielt, sondern am Ende die Grundlage für den Wohlstand aller ist: „Brich dem Hungrigen dein Brot, und die im Elend ohne Obdach sind, führe ins Haus! Wenn du einen nackt siehst, so kleide ihn und entzieh dich nicht deinem Fleisch und Blut! Dann wird dein Licht hervorbrechen wie die Morgenröte, und deine Heilung wird schnell voranschreiten, und deine Gerechtigkeit wird vor dir hergehen, und die Herrlichkeit des Herrn wird deinen Zug beschließen. Dann wirst du rufen, und der Herr wird dir antworten. Wenn du schreist, wird er sagen: Siehe, hier bin ich. Wenn du in deiner Mitte niemanden unterjochst und nicht mit Fingern zeigst und nicht übel redest, sondern den Hungrigen dein Herz finden lässt und den Elenden sättigst, dann wird dein Licht in der Finsternis aufgehen, und dein Dunkel wird sein wie der Mittag. Und der Herr wird dich immerdar führen und dich sättigen in der Dürre und dein Gebein stärken, und du wirst sein wie ein bewässerter Garten und wie eine Wasserquelle, der es nie an Wasser fehlt."

Wenn es stimmt, dass wir als Volk Gottes dazu berufen sind, Salz der Erde und Licht der Welt zu sein, dann stehen wir in der ersten Reihe, wenn es darum geht, dass diese Vision Wirklichkeit wird. Wir leben aus der Zuversicht unseres Glaubens und deshalb geben wir diese Welt nicht auf. Weil wir aus der Freiheit eines Christenmenschen leben, mischen wir uns ein. Weil Gottes Gegenwart unsere Kraftquelle ist, behalten wir den langen Atem. Wir bleiben Funken, die das Feuer zum Lodern bringen.

Kapitel 4

FRIEDEN STIFTEN

DRITTER ADVENT, Liebfrauendom in München. Kinder und Jugendliche in ihrer Pfadfinderkluft, andere in Daunenjacken und dicken Stiefeln. Gekicher und aufgekratzte Stimmung herrscht im Kirchenschiff. Schließlich tragen drei Jugendliche ein Licht herein, das Friedenslicht aus Bethlehem. Nach und nach wird es still in den Reihen. Alle Augen sind auf dieses Licht gerichtet, das in der Geburtskirche Christi in Bethlehem entzündet, im Flugzeug nach Wien transportiert und von dort aus im Zug nach München gebracht wurde.

Aus ganz Bayern sind Delegationen gekommen, um eine weitere Kerze zu entzünden und in ihre Heimatgemeinde zu bringen. Konzentriert schauen die jungen Menschen auf die Kerze. Wie leicht kann der kleinste Luftzug eine solche Flamme löschen? Aber auch: Wie hell leuchtet selbst ein so kleines Licht in der Dunkelheit? Das Licht in diesem Gottesdienst ist eine Erfahrung des Herzens, die die Mitwirkenden mitnehmen in ihren Alltag. In München und an vielen anderen Orten Europas, wo die Friedenslicht-Aktion seit Jahren durchgeführt wird. Alle, die dies einmal erlebt haben, spüren die Kraft des Lichts, die Wärme des Lichts, die Hoffnung des Lichts – und wie sich Frieden im Herzen ausbreitet und dann nach außen ausstrahlt.

Wer in die Gesichter der Anwesenden schaut, wird nicht Verbissenheit oder auch Verzweiflung sehen, wie wir sie von Menschen kennen, die zum Einsatz von Waffen gezwungen, ja manchmal verdammt sind. Sondern er wird Menschen sehen, denen die Seligkeit ins Gesicht geschrieben steht. „Selig sind die Friedensstifter, denn sie werden Gottes Kinder heißen", heißt es in Matthäus 5,9. Diese Menschen, alle, die beim Projekt „Friedenslicht aus Bethlehem" dabei sind, bilden eine große Lichterkette – eine Friedensbewegung, die niemand übersehen kann.

Das ist die eine Seite. Christen sind Friedensstifter; überall auf der Welt wirken sie aus tiefster Überzeugung darauf hin, Gewalt zu beenden. Ja, Christen arbeiten für den Frieden.

Aber Religionen sorgen auch für Krieg. Wir Christen haben in den vergangenen zwei Jahrtausenden genauso Schuld auf uns geladen wie andere Religionen; und schaut man nach Nordirland, so kann man selbst im 21. Jahrhundert noch die tiefen Gräben zwischen Protestanten und Katholiken sehen.

Das Beglückende an Religion ist ja, dass sie uns in den Tiefen der Seele erreicht, dass sie uns berührt und uns das tief empfundene Gefühl einer sinnerfüllten Existenz gibt. Wir sind so fest von dem überzeugt, was unser Glaube uns sagt, dass unsere Prioritäten sich ganz daran ausrichten. Dabei neigen wir, egal ob Christen, Muslime oder Juden, dazu zu glauben, den Willen unseres Gottes zu erfüllen. Und zwar nur wir. Nur mit unserer Religion. Von der eigenen Religion zutiefst überzeugt zu sein, kann die Grundlage für Frieden und Versöhnung sein. Wenn die eigene Überzeugung aber gegen andere gewendet wird, führt sie zum Gegenteil.

Es gibt vermutlich wenige Städte in der Welt, in denen das so deutlich wird wie in Jerusalem. Alle drei großen Weltreligionen sind dort angesiedelt. Sie ringen um eine tragfähige Form des Zusammenlebens. Judentum, Islam und Christentum haben in dieser Stadt, auf engstem Raum, ihr Zuhause. Und alle haben heilige Stätten, die zentral sind für die Geschichte ihrer Religion und für die Ausübung ihres Glaubens. Die Klagemauer für die Juden, der Felsendom für die Muslime und die Grabeskirche für die Christen. Dies sind Orte, an denen jeder Einzelne tiefe Nähe zu Gott erfahren möchte, um nach seinem Willen zu leben. Und sich offenbar darin durch die Anwesenheit der anderen, die doch eigentlich das Gleiche wollen, gestört fühlt.

All die Liebe, all die Freude, all das Sehnen des Glaubens richten sich darauf, was der Wille Gottes ist. Aber ist es wirklich Gott, auf den sich das alles richtet? Mit der menschlichen Sehnsucht nach dem Absoluten kommt auch die Verführbarkeit für ganz anderes als den Willen Gottes. Gerade im Mittleren Osten erleben wir, wie Menschen anderen unter Berufung auf ihre eigene Religion das Recht absprechen, ihre Religion zu leben, ihren Überzeugungen zu folgen. Ja, dass sie ihnen sogar das Existenzrecht absprechen und ihnen nach dem Leben trachten.

Welch tragische Perversion der Berufung auf Gott, wenn die Vernichtung anderer als der Wille Gottes ausgegeben wird! Welch absurde Verdrehung der Tatsachen, wenn das Töten eines Menschen als der Wille des Gottes ausgegeben wird, der dieses Leben doch überhaupt erst geschaffen hat!

Im Oktober 2014 habe ich in der Jerusalemer Erlöserkirche gepredigt. Der Predigttext aus Epheser 5,15–21 ließ in mir vieles von dem anklingen, was mich in den gewaltsamen Konflikten im Nahen Osten bedrückt: „Kauft die Zeit aus, denn es ist böse Zeit!" – heißt es da.

Ja – es ist böse Zeit. Nicht nur im Mittleren Osten. Auch in etlichen diktatorischen Regimes Afrikas, in denen der Terror von Boko Haram wütet, wie in Nigeria, oder im jahrelangen Bürgerkrieg im Südsudan. Als ich in den Flüchtlingslagern des Nordirak mit Christen und Jesiden sprach, die von den Terrorgruppen des Islamischen Staates aus ihren Dörfern und Städten vertrieben worden sind, hörte ich Schreckliches. Was diese Menschen erlebt haben, ist unbeschreiblich. Da wurden ganze Dörfer ausgelöscht, Eltern, Geschwister und Freunde verwundet, vergewaltigt oder ermordet.

Auch im Heiligen Land sind die Fronten seit Jahren verhärtet. Hoffnungslosigkeit droht sich auszubreiten. Im Süden des Landes, an der Grenze zu Gaza, sind so viele Raketen eingeschlagen, dass die Menschen zermürbt sind. Manche ziehen weg, weil sie die permanente Angst vor weiteren Angriffen nicht mehr aushalten. Und auf der anderen Seite, in Gaza, sind unzählige Häuser zerstört. Es hat so viele Tote gegeben. Auf beiden Seiten haben die Seelen einmal mehr Schaden genommen durch den Krieg. Es ist eine böse Zeit.

Und nun sagt der Epheserbrief 6,16–17: „Kauft die Zeit aus; denn es ist böse Zeit. Darum werdet nicht unverständig, sondern verstehet, was da sei des Herrn Wille." Wie geht das, die Zeit auszukaufen? Was ist der Wille des Herrn in böser Zeit?

Ich habe bei meinen Besuchen in Israel und Palästina eindrucksvolle Beispiele kennen gelernt. Ich traf eine Gruppe von Eltern, die sich „Parents Circle“ nennt, Menschen, die ihre Kinder bei Gewaltakten im israelisch-palästinensischen Konflikt verloren haben und die sich jetzt für Versöhnung einsetzen. Dort traf ich auch die Eltern von Bat-Chen, einem 15-jährigen israelischen Mädchen, das bei einem Selbstmordattentat ums Leben gekommen ist. Anstatt sich in ihrem Schmerz voller Hass gegen die Palästinenser zu wenden, haben die Eltern den „Parents Circle“ gegründet und sich mit den Eltern von Opfern israelischer Gewalt getroffen. Einer der Palästinenser, dessen Bruder vom israelischen Militär erschossen worden war, sagte nach einer Begegnung mit Bat-Chens Vater, einem israelischen Reserveoffizier: „Ich habe zum ersten Mal einen israelischen Soldaten weinen sehen.“

Es sind Momente wie diese, mutige Initiativen und bewusst gegenläufiges Verhalten, mit denen das geteilte Leid Feindschaft überwinden kann. Die Absurdität einer Gewaltspirale, die unfassbar viele Tote fordert, kommt in solchen Momenten in den Herzen der Menschen an. Die böse Zeit wird, wie es Paulus in seinem Brief an die Epheser formuliert, ausgekauft. Etwas Neues kann wachsen, weil Menschen sich zum Frieden entschlossen haben, anstatt weiter an der Spirale von Hass und Gewalt mitzudrehen. Die Eltern von Bat-Chen sind für mich zu Auslegern dieser Bibelstelle geworden. „Seht nun sorgfältig darauf, wie ihr euer Leben führt, nicht als Unweise, sondern als Weise, und kauft die Zeit aus; denn es ist böse Zeit.“

Doch wie kommt man dahin, dass in einer Situation des Konflikts die Saat des Friedens aufgehen kann? Paulus gibt uns für die Antwort auf diese Frage eine klare Richtung: „Lasst euch vom Geist erfüllen. Ermuntert einander mit Psalmen und Lobgesängen und geistlichen Liedern, singt und spielt dem Herrn in eurem Herzen und sagt Dank Gott, dem Vater, allezeit für alles, im Namen unseres Herrn Jesus Christus."

Es ist der Gottesdienst, der zur Kraft des Friedens werden soll. Miteinander Psalmen sprechen, zusammen beten und Lieder singen und damit Gottes Geist in unseren Herzen Raum geben. Dankbar werden, das ist es, was uns neu macht.

Ich war in Israel in der Zeit zwischen dem Laubhüttenfest, dem „Sukkot", und dem „Simchat Tora" (etwa: Freude über die Thora). Diese Tage stehen ganz im Zeichen der Dankbarkeit für das, was Gott uns schenkt, und für die Fülle, die uns gegeben ist – vergleichbar dem christlichen Erntedank. In den Häusern und auf den Straßen haben Menschen sich gemeinsam daran erinnert, wie viel Gutes Gott in ihrem Leben getan hat und auch weiterhin tun wird – allen Herausforderungen, Gefahren und Problemen zum Trotz. Und man hat in den Gesängen, die aus den Häusern nach außen drangen oder an der Westmauer des Tempels zu hören waren, die Freude und die Dankbarkeit, die mit diesem Fest verbunden sind, wirklich spüren können. Eine ermutigende Stimmung lag über der Stadt und in den Gottesdiensten, trotz allem.

Aber wir wissen, dass Gottesdienste nicht immer zum Frieden beitragen. Manchmal bewirken sie sogar das Gegenteil. Es kann sein, dass Menschen genau das tun: zusammenkommen, beten und singen. Und dass sie danach in die Straßen gehen und meinen, ihrem Gott eben damit zu dienen, dass sie ihre Macht demonstrieren, mit lauten Rufen ihren Alleinvertretungsanspruch zum Ausdruck bringen, andere herabsetzen, vielleicht sogar zur Gewalt gegen sie aufrufen. Gottesdienst kann auch zur Quelle von Fanatismus werden.

Als ich in Jerusalem in der Erlöserkirche predigte, war es mir deshalb sehr wichtig, an Paulus' Worte zu erinnern: „Sagt Dank Gott, dem Vater, allezeit für alles, im Namen unseres Herrn Jesus Christus." Und damit ist alles Wichtige gesagt. Der Gottesdienst, um den es hier geht, hat mit religiösem Triumphalismus nichts, aber auch wirklich gar nichts zu tun. Dieser Gottesdienst geschieht im Namen dessen, der so viel Liebe ausgestrahlt hat, dass die Menschen Gott selbst in ihm erkannt haben. Dieser Gottesdienst geschieht im Namen dessen, der nicht anderen Gewalt angetan hat, sondern selbst als Gewaltopfer gestorben ist. Dieser Gottesdienst geschieht im Namen dessen, der am Kreuz auf Golgatha als Psalm einen Hilferuf ausgestoßen hat: „Mein Gott, mein Gott, warum hast du mich verlassen." Dieser Gottesdienst geschieht im Namen dessen, der mit seiner Auferstehung gezeigt hat, dass die Gewalt nicht das letzte Wort hat. Jesus.

Dass die Religionen Gewalt überwinden und zur Kraft des Friedens werden, ist die große Herausforderung unserer Zeit. Die drei monotheistischen Religionen – nicht nur in Jerusalem – müssen ihre Friedenstraditionen neu entdecken und sich selbstkritisch fragen, wo sie dahinter zurückbleiben.

Doch wie kann ein solches Umdenken gelingen? In der Bibel finden wir Antwort bei Hesekiel: „Und des HERRN Wort geschah zu mir: Was habt ihr unter euch im Lande Israels für ein Sprichwort: ‚Die Väter haben saure Trauben gegessen, aber den Kindern sind die Zähne davon stumpf geworden'? So wahr ich lebe, spricht Gott der HERR: Dies Sprichwort soll nicht mehr unter euch umgehen in Israel. Denn siehe, alle Menschen gehören mir; die Väter gehören mir so gut wie die Söhne; jeder, der sündigt, soll sterben. (…) Wenn sich aber der Gottlose bekehrt von allen seinen Sünden, die er getan hat, und hält alle meine Gesetze und übt Recht und Gerechtigkeit, so soll er am Leben bleiben und nicht sterben. Es soll an alle seine Übertretungen, die er begangen hat, nicht gedacht werden, sondern er soll am Leben bleiben um der Gerechtigkeit willen, die er getan hat. Meinst du, dass ich Gefallen habe am Tode des Gottlosen, spricht Gott der HERR, und nicht vielmehr daran, dass er sich bekehrt von seinen Wegen und am Leben bleibt? (…) Kehrt um und kehrt euch ab von allen euren Übertretungen, damit ihr nicht durch sie in Schuld fallt. Werft von euch alle eure Übertretungen, die ihr begangen habt, und macht euch ein neues Herz und einen neuen Geist. Denn warum wollt ihr sterben, ihr vom Haus Israel? Denn ich habe kein Gefallen am Tod des Sterbenden, spricht Gott der HERR. Darum bekehrt euch, so werdet ihr leben" (Hesekiel 18,1–4.21–23.30–32).

Das sind starke Worte, weil hier einer freiheraus spricht, ohne Maulkorb, ohne diplomatische Rücksichten. Er bringt leidenschaftlich zum Ausdruck, was ihn im Innersten bewegt. „Kehrt endlich um!", sagt Hesekiel. Ihr richtet euch doch selber zugrunde, wenn ihr so weitermacht! Kapiert doch endlich, dass diese Umkehr der Schlüssel zum Leben ist!

Wir in Deutschland haben ja die Gnade erfahren, wie so etwas gelingen kann. Der Zweite Weltkrieg war eine Katastrophe. Für all die Menschen, die unschuldig den Tod fanden, in den Konzentrationslagern der Nazis, in den zerbombten Städten und in den verwüsteten Dörfern. Und auch für die auf den Schlachtfeldern, die selbst gekämpft und getötet hatten und in so unendlich großer Zahl ums Leben kamen. Die Hitler-Diktatur und der von ihr angezettelte Krieg nahmen unzähligen Menschen die Kindheit. Zwischen 60 und 70 Millionen schätzt man die Zahl der Toten.

Meine Eltern wurden Ende der 1920er Jahre geboren. Als der Krieg aus war, war ihre Kindheit vorbei. Einer ganzen Generation erging es genauso. Eine Katastrophe war das vor allem auch für die Menschen in den Ostgebieten des Deutschen Reichs, die durch den Krieg ihre Heimat verloren, die schlimme Fluchterfahrungen machten und die dann in unterschiedlichen Regionen Deutschlands endlich eine Bleibe fanden. Aber die Feinde von einst, die Siegermächte, sind mit ausgestreckter Hand auf die Deutschen zugegangen, erst zögerlich, aber schließlich umso entschlossener, und haben gemeinsam mit ihnen Deutschland neu aufgebaut. Sie haben auf die Kraft der Versöhnung und des Friedens vertraut.

WO WIR FRIEDEN SABOTIEREN

Ja, wir sind am Leben geblieben. Und ich sage als Nachgeborener „wir", weil es ja so gut hätte sein können, dass das im Namen unseres Volkes begangene Unrecht nun auch auf uns zurückgefallen wäre. Es war nicht so. Und wir können gar nicht dankbar genug dafür sein. In Deutschland hat sich ein demokratisches Gemeinwesen entwickelt, das nicht ohne Fehler ist. Aber wir können die Fehler klar ansprechen und frei diskutieren. Unser Rechtssystem vermag Konflikte oder Ungerechtigkeit nicht wegzuzaubern, aber es ermöglicht einen fairen Umgang damit.

In Deutschland hat sich eine soziale Marktwirtschaft entwickelt, die die übergroßen Differenzen zwischen Arm und Reich nicht beseitigt hat. Aber sie bietet wichtige Ansatzpunkte dazu. Und sie hat sich zum Ziel gesetzt, dass der in ihr geschaffene Wohlstand wirklich allen zugutekommt, auch den schwächsten Gliedern. Wir können trotz aller gegenwärtigen Spannungen auf viele Jahrzehnte ohne Kriege in Mitteleuropa zurückschauen. Völker, die sich im Ersten und Zweiten Weltkrieg wechselseitig zu vernichten suchten, leben heute friedlich zusammen und arbeiten darauf hin, gemeinsame Institutionen zu installieren, um mittelfristig mit einer Stimme zu sprechen.

Und dennoch: Dass wir in Deutschland in Frieden leben, heißt nicht, dass von deutschem Boden kein Krieg ausgeht. Ohne Kriegserklärung und ohne sichtbaren Angriff zwar, und auch nicht beabsichtigt. Aber auch deutsche Waffen sind dabei, wenn anderswo Krieg geführt wird.

Bei der Vollversammlung des Weltkirchenrates in Busan im November 2013 traf ich eine Frau aus Nigeria, die aus ihrem Dorf berichtete, dass viele, viele junge Leute Waffen tragen, die über alle möglichen Kanäle zu ihnen gelangt sind. Auch deutsche Waffen sind darunter. Gewalt, Verstümmelung und Tod sind die Folge. Die Frau bat uns Christen aus der so genannten „Ersten Welt“ inständig: „Helft mit, dass die Waffenhändlerkanäle ausgetrocknet werden!“ Ich habe diesen eindringlichen Appell seitdem nicht vergessen.

Deutschland ist einer der größten Waffenexporteure der Welt. Der Rüstungsexportbericht der Bundesregierung zeigt auf, dass die Waffenlieferungen in Staaten außerhalb von Europäischer Union und Nato – sogenannte Drittstaaten – sich weiterhin auf hohem Niveau bewegen. In vielen dieser Länder werden Menschenrechtsstandards, die wir für unser Leben in Deutschland selbstverständlich zugrunde legen, massiv und systematisch verletzt. Gerade Kleinwaffen wie die, die im Nigerdelta zum Einsatz kommen – bei kriegerischen Auseinandersetzungen, von denen auch die Frau auf der Vollversammlung erzählte –, sind ein besonderer Exportschlager. Oder die deutschen Panzer, heiß begehrt in Saudi-Arabien. Wie kann das sein, dass Deutschland, das für sich einen der schärfsten

Waffenexportkontrollstandards weltweit in Anspruch nimmt, bei solchen Geschäften mitmischt?

Ausgerechnet jetzt werden hierzulande Stimmen laut, die sich mit Hinweis auf die wirtschaftliche Bedeutung für verstärkten Rüstungsexport einsetzen. Mit guten Gründen fordern die Kirchen in großer ökumenischer Gemeinsamkeit genau das Gegenteil. Seit Jahren kritisieren sie zu Recht die Praxis der Rüstungsexporte und Deutschlands zweifelhafte Position als drittgrößter Waffenproduzent der Welt. Dass sich 2014 China vor Deutschland auf den dritten Platz geschoben hat, nimmt dem Anliegen nicht die Dringlichkeit. Wenn Waffen in Staaten ausgeführt werden, in denen Menschenrechtsverletzungen auf der Tagesordnung stehen, kann die wirtschaftliche Bedeutung von Waffenproduktion nie alle anderen Argumente wegwischen. Die Arbeitskraft der in der Rüstungsproduktion arbeitenden Menschen wird viel mehr in Wirtschaftsfeldern gebraucht, die dem Leben dienen. Dort, wo – wie etwa bei der Polizei – unmittelbar bedrohte Menschen nur mit Waffen geschützt werden können, wird man nicht auf sie verzichten können. Von der Begrenzung auf solche Zwecke sind wir aber weit entfernt. Wir müssen umsteuern.

Auf politischer Ebene ist deshalb die Bedeutung von internationalen Organisationen wie den Vereinten Nationen (UN) oder auch der Organisation für Sicherheit und Zusammenarbeit in Europa (OSZE) von großer Wichtigkeit. Sie setzen sich konsequent für gewaltfreie Lösungen internationaler Konflikte ein. Es braucht Unterstützung beim Aufbau stabiler demokratischer Strukturen, etwa durch Wahlbeobachtung oder die

Ausbildung von Polizisten. Es kommt darauf an, den Beteiligten Alternativen zur Gewalt anzubieten. Das hat sich gerade im Zuge der Wende in Osteuropa gezeigt.

MENSCHLICHE SCHUTZVERANTWORTUNG

Im September 2014 war ich im Irak. Den Sommer über waren die Nachrichtensendungen voll mit Bildern der unvorstellbar brutalen Kämpfer des so genannten Islamischen Staates. Systematisch mordende IS-Banden, Enthauptungen, Kulturgüter, die in blinder Zerstörungswut ausgelöscht wurden. Das politische Berlin diskutierte, ob Deutschland den unterlegenen kurdischen Peschmerga Waffen für den Kampf gegen diese Terroristen liefern sollte. Eine Frage, zu der sich auch die evangelische Kirche positionieren musste. Dass das alles andere als eine leichte Frage war, liegt auf der Hand. Denn die gewaltsame Lösung von Konflikten widerstrebt der christlichen Friedensethik.

Zwischen den nordirakischen Städten Erbil und Dohuk besuchte ich ein Flüchtlingslager der Jesiden. Eine Zeltstadt aus Planen inmitten der kargen Ninive-Ebene. Sie erzählten mir, wie sie von den IS-Kämpfern im Sindschar-Gebirge eingeschlossen waren und immer mehr Menschen verdursteten, bevor sie von amerikanischen Flugzeugen aus der Luft mit Lebensmitteln versorgt und schließlich von Peschmerga-Kämpfern befreit wurden. Ich sprach mit Christen, die aus Mossul geflohen waren, bevor der IS die Stadt einnahm, mit Bischöfen, die ihre tiefe Enttäuschung darüber zum Ausdruck brachten, dass ihre muslimischen Freunde ihnen nicht beistanden.

Ich vergesse nie, wie einer von ihnen mit trauriger Stimme sagte: Zum ersten Mal seit fast 2000 Jahren wird in Mossul kein Weihnachtsgottesdienst gefeiert werden.

AUSZUG AUS DER PREDIGT IN DOHUK AM 8.9.2014

Liebe Schwestern und Brüder,

in Deutschland haben viele Christen ein kleines Büchlein, in dem für jeden Tag des Jahres ein lange vorher ausgelostes Bibelwort steht. Für den heutigen Tag steht ein Bibelvers in diesem kleinen Büchlein, der mitten hineinspricht in den Gottesdienst, den wir hier zusammen feiern. Wir sind hier zusammengekommen als Christen unterschiedlicher Konfessionen aus Deutschland und dem Irak. Viele von euch, die heute da sind, haben Schlimmes erlebt. Ihr seid aus Mossul und den Dörfern der Ninive-Ebene vor den Mörderbanden des IS geflohen. Ihr habt all euer Hab und Gut zurücklassen müssen. Manche von euch haben mit eigenen Augen brutale Gewalt mit ansehen müssen. Jetzt seid ihr hier und wisst nicht, wie es weitergehen wird. Wie gut, dass wir heute Abend hier zusammen sein können! Wie gut, dass wir heute Abend ein Wort der Bibel mit auf den Weg bekommen! Wie gut, dass es ein Wort ist, das unserem Leben, das auf so wankendem Boden steht, einen festen Grund gibt! „Herr Zebaoth, wohl dem Menschen, der sich auf dich verlässt!" (Psalm 84,13). Der Mensch, der das sagt, weiß genau, woher der feste Grund im Leben kommt. Er weiß genau, wer mit uns geht, wenn wir wandern im finsteren Tal. Wo du dich auf Gott verlässt, sagt er, hast du festen Grund, wenn auch sonst alles ins Wanken gerät.

Manche unter euch fragen sich vielleicht: Stimmt das? Wo ist denn Gott, wenn vertrieben wird, wenn gemordet wird, wenn die Gewalt freie Bahn hat? Schwestern und Brüder, die Antwort hängt da an der Wand. Gott kommt nicht zu uns als der große Triumphator, der alles unter Kontrolle hat. Gott ist nicht der große

Marionettenspieler, der den Lauf der Welt lenkt. Gott kommt zu uns als der Gekreuzigte. Gott kommt zu uns als Missachteter und Verachteter. Gott kommt zu uns als Folteropfer. Jesus hat am Kreuz geschrien: Mein Gott, mein Gott, warum hast du mich verlassen? Jesus ist mitten unter euch und teilt eure Angst, euer Erschrecken, eure Hoffnungslosigkeit. Deswegen ist dieser Satz zu euch heute Abend gesprochen: „Herr Zebaoth, wohl dem Menschen, der sich auf dich verlässt!" Gott ist bei euch jeden Tag. Gott wird euch nicht verlassen. Und Gott wird wahr machen, was er uns verheißen hat: dass die Gewalt nicht das letzte Wort hat. Dass alle Tränen abgewischt werden und kein Leid und kein Geschrei mehr sein wird. Dass die mit Tränen säen, mit Freuden ernten werden. Dass die, die da Leid tragen, getröstet werden.

Ich möchte, dass ihr wisst, dass viele Menschen in Deutschland und überall auf der Welt an euch denken und für euch beten. Und nicht nur beten, sondern auch tun, was sie können, um konkrete Hilfe zu leisten. Und ich bitte euch: Betet ihr auch für uns. Dass wir unser Herz öffnen für den Geist Gottes. Dass wir unser Herz öffnen für die anderen. Dass wir mit euch zusammen die Gegenwart Gottes in unserem Leben spüren.

Ja, der Psalmbeter hat so recht: „Herr Zebaoth, wohl dem Menschen, der sich auf dich verlässt!"

Auch mit dem obersten Rat der muslimischen Gelehrten Kurdistans sprachen wir. Die Gelehrten erklärten mit großem Nachdruck, dass die Mitgliedschaft im IS Sünde sei und die von ihm ausgeübte Gewalt in tiefem Widerspruch zum Islam stehe. Und wir sprachen mit christlichen Politikern Kurdistans, die um militärischen Schutz durch die weltweite Staatengemeinschaft geradezu flehten.

Das alles bewegte mich tief. Es war unsägliches Leid, mit dem ich konfrontiert war. Und ich stieß auf eine panische Angst davor, dass die IS-Kämpfer, die nur wenige Kilometer entfernt gestoppt worden waren, ihren Eroberungsfeldzug am Ende erfolgreich fortsetzen könnten.

Deswegen trat ich noch von Erbil aus in Telefoninterviews nach Deutschland für einen Schutz der Menschen durch eine UNO-Schutztruppe ein. Ich hätte mir selbst nicht in die Augen schauen können, wenn ich den Menschen, denen ich dort begegnet war, das Plädoyer für einen effektiven Schutz schuldig geblieben wäre.

Als wir auf dem Weg von Dohuk zurück nach Erbil waren, kamen wir an einer Abzweigung vorbei. Hier ging es direkt zur Kampflinie. Wir waren keine fünf Minuten von der Front entfernt. Ich bat den Fahrer, dorthin abzubiegen. Hinter einer Anhöhe näherten wir uns einer Straßensperre aus Beton- und Geröllwällen, die die Peschmerga zur Verteidigung aufgeschüttet hatten. Von hier aus konnten wir in die umkämpfte Ebene blicken.

Und ich sah die Waffen der Peschmerga. Die ganze Ambivalenz der Situation wurde mir in diesem Moment sehr bewusst. Einerseits ein Frösteln beim Anblick der echten Waffen, die eben Tötungsinstrumente sind. Jede Kriegsromantik ist ausgeschlossen, wenn man die Waffen sieht, mit denen getötet wird. Wenn Menschen durch solche Waffen sterben, dann sind sie zu betrauern, egal wer sie sind und was sie getan haben. Denn sie sind geschaffen zum Bilde Gottes. Und töten heißt immer Schuld auf sich laden.

Und andererseits die bittere Erkenntnis, dass ohne diese Waffen all die Menschen, denen ich im Flüchtlingslager sowie in Erbil und Dohuk begegnet war, vermutlich nicht mehr am Leben wären, dass viele der Frauen, mit denen ich gesprochen hatte, als Sexsklavinnen unbeschreiblicher Folter ausgesetzt wären. Zudem hatten wir gehört, dass Peschmerga-Kämpfer die Verteidigung von Dörfern abbrechen und fliehen mussten, weil ihnen die Munition ausgegangen war.

Konnte ich – in Interviews danach gefragt – guten Gewissens die Lieferung von Waffen an die Peschmerga ablehnen? So zerrissen ich war – solange die Vereinten Nationen ihre Schutzrolle nicht übernehmen würden, hätte das wohl bedeutet, die Menschen in Kurdistan schutzlos den Mörderbanden des IS ausgeliefert zu sehen.

In wessen Hände solche Waffen vielleicht einmal kommen, weiß niemand. Und was sie erneut an Leid anrichten werden, weiß auch niemand. Man sollte sich auch niemals der Illusion hingeben, dass Militäreinsätze Probleme dauerhaft lösen könnten. Aber Menschen in dieser konkreten Situation unmittelbar vor Mord und unfassbarer Brutalität zu schützen, schien mir in dieser Situation nicht anders möglich.

Umso entscheidender – das haben wir in einer Erklärung des Rats der EKD in aller Deutlichkeit zum Ausdruck gebracht – ist es, in Zukunft durch Prävention zu verhindern, dass wir wieder in solche Situationen kommen: durch eine viel schärfere Einschränkung und Kontrolle des Waffenexports, durch ein

Austrocknen der Geldströme, mit denen die Waffen finanziert werden, durch die Unterstützung der Entwicklung einer Zivilgesellschaft in den betroffenen Ländern, durch wirtschaftliche Strukturen, die allen eine Lebensperspektive geben, durch die Stärkung eines interreligiösen Dialogs, der Kräfte der Versöhnung freisetzt, durch die größtmögliche Förderung gewaltfreier Konfliktlösungsmethoden weltweit.

Gerade dann, wenn man zur Erfüllung der menschlichen Schutzpflicht keinen anderen Weg sieht, als auch militärische Gewalt in das Schutzkonzept einzubeziehen, ist es wichtig, sich klarzumachen, dass auf Gewalt kein Segen liegt. Gewalt ist so etwas wie eine „unmögliche Möglichkeit". Denn Gewalt trägt die Tendenz zur Verrohung in sich. Gewalt droht die Menschlichkeit zu verschütten – manchmal ohne dass wir es merken. Wer die Konflikte der Welt analysiert, wird sehen, dass es in den meisten Fällen nicht gelungen ist, Gewalt durch Gegengewalt zu überwinden. Fast immer, wenn Waffen zur Bekämpfung von Gewalt eingesetzt werden, ist die Frucht nur noch mehr Gewalt.

Deswegen hat Jesu Gebot der Feindesliebe eben auch klare Konsequenzen für die Politik.

INTELLIGENTE FEINDESLIEBE

Wir Christinnen und Christen können nicht anders, als bei der Frage des angemessenen Umgangs mit Konflikten auf Jesus zu schauen und darüber nachzudenken, wie dessen Weg der Friedfertigkeit und Liebe in unserer Welt heute mitgegangen werden kann. Wie kann eine intelligente Feindesliebe heute aussehen? Wie kann Jesu Impuls zur Freisetzung einer Spirale der Menschlichkeit heute Gestalt gewinnen?

Dafür habe ich ein konkretes Beispiel im Blick: Im Labenbachhof bei Ruhpolding lädt die evangelische Stiftung „Wings of Hope" jedes Jahr junge Israelis und Palästinenser zur Sommerakademie ein. Dort verbringen sie 14 Tage, diskutieren, tauschen sich und ihre Sichtweisen aus, hinterfragen Vorurteile und lernen miteinander, was Frieden heißen kann. Viele halten auch anschließend Kontakt zueinander. Sie haben die Perspektive der anderen kennen gelernt und jedenfalls eine Zeitlang zu ihrer eigenen gemacht. Sie werden hoffentlich zukünftig auf die hetzerischen Töne, die in ihrer jeweiligen Heimat regelmäßig angeschlagen werden, verhaltener reagieren. Ein konkretes Stück Friedensarbeit – viel wirksamer als der Weg der Gewalt!

Wenn die Vernichtung anderer Menschen als der Wille Gottes ausgegeben wird, ist dies eine Perversion. Welche absurde Verdrehung der Tatsachen, wenn das Töten eines Menschen als der Wille des Gottes ausgegeben wird, der dieses Leben doch überhaupt erst geschaffen hat! Die berühmten Worte Jesu aus der Bergpredigt sind ein Gegenprogramm: „Ihr habt gehört, dass gesagt worden ist: Auge um Auge und Zahn um Zahn. Ich aber sage euch: Leistet dem, der euch etwas Böses antut, keinen Widerstand, sondern wenn dich einer auf die rechte Wange schlägt, dann halt auch die andere hin. Ihr habt gehört, dass gesagt worden ist: Du sollst deinen Nächsten lieben und deinen

Feind hassen. Ich aber sage euch: Liebet eure Feinde und betet für die, die euch verfolgen, damit ihr Kinder eures Vaters im Himmel werdet." (Matthäus 5,38–39.43–45)

Jesu radikale Aufforderung, dem Unrecht zu widerstehen – also dem, der einen auf die eine Backe schlägt, auch noch die andere hinzuhalten –, ist immer wieder als naive Verkennung der Macht des Bösen dargestellt worden. Gründlicher könnte man diese Passage gar nicht missverstehen. Jesus kennt die Abgründigkeit der menschlichen Existenz ganz genau. Und genau deswegen sagt er, was er sagt! Wer Gewalt mit Gegengewalt beantwortet, vermag sie eben gerade nicht zu überwinden! Der dies tut, ist ein Träumer!

Den Feind damit zu verblüffen, dass wir uns nicht auf die von ihm losgetretene Spirale der Entmenschlichung einlassen, sondern ihn erst recht als Mensch sehen und ihn in seiner Menschlichkeit ernst nehmen, ist die einzig wirklich realistische Alternative.

„Gutmenschen" kann nur einer belächeln, der „Schlechtmenschen" für den Normalfall hält. Ja, man kann im Hinblick auf die Humanität des Menschen schon den Mut verlieren, wenn man abends die Nachrichten schaut und die Bilder aus Syrien oder der Ukraine sieht, von den Eskalationen zwischen Israelis und Palästinensern hört und im Irak die barbarisch agierenden islamistischen IS-Milizen vor Augen hat. Aber Hesekiel sagt im 18. Kapitel: Ein neues Herz und ein neuer Geist ist möglich. Gott schenkt ihn euch, aber ihr müsst mitmachen! Lasst euch darauf ein! Redet euch die Realität nicht schön. Aber findet euch nie damit ab. Und Hesekiel hat Recht. Woher das neue Herz und der neue Geist kommen, ist für uns Christen klar: „Einen anderen Grund kann niemand legen außer dem, der gelegt ist, welcher ist Jesus Christus".

GEHÖRT DER ISLAM ZU DEUTSCHLAND?

Jedes Jahr im Advent lade ich Vertreter muslimischer Gemeinden aus ganz Bayern in unser Landeskirchenamt ein. Ich möchte sie Anteil haben lassen an unserer besonderen Zeit des Advents. Und sie folgen meiner Einladung gerne, so wie ich der Einladung zum Iftar-Essen, zum Fastenbrechen im Fastenmonat Ramadan, folge. Ich glaube, dass es für den interreligiösen Dialog von zentraler Bedeutung ist, dass wir einander Anteil geben an unserem religiösen Leben. Dass wir kennen lernen, was den anderen existentiell wichtig ist. Dass wir uns anrühren lassen von der Ernsthaftigkeit, mit der sie Gott suchen.

Es geht ja nicht darum, eine Einheitsreligion zu schaffen. Dazu sind die Unterschiede zwischen den Religionen zu klar. Muslime oder Juden würden den Glauben an den dreieinigen Gott nie für sich akzeptieren. Gleichzeitig ist der Glaube, dass Jesus Christus, der Gekreuzigte und Auferstandene, eins ist mit Gott, für uns Christen ein wesentlicher und unaufgebbarer Teil unseres Glaubens. Es geht also nicht um Verwischung der Unterschiede zwischen den Religionen. Aber es geht sehr wohl darum, dass die Religionen zur Kraft des Friedens und der Versöhnung werden, indem sie einander mit wechselseitiger Toleranz und – mehr noch – mit Wertschätzung begegnen.

Ich weigere mich, den Islam pauschal mit gewalttätigen Islamisten oder Regimen, die die Religionsfreiheit mit Füßen treten, gleichzusetzen. Denn auch wir Christen wollen nicht, dass unser Glaube immer mit dem Unrecht gleichgesetzt wird, das in seinem Namen in der Geschichte anderen angetan worden ist. Deswegen unterstütze ich alle Bemühungen unter den Muslimen, Orte der Begegnung zu schaffen, die für einen modernen friedensstiftenden Islam eintreten. Orte, die junge Muslime davon abbringen können, radikalen Islamisten auf den Leim zu gehen oder sogar nach Syrien zu ziehen und sich zu Mord und Folter verführen zu lassen. Es reicht nicht, den radikalen Islamismus und die Gewalt, die von ihm ausgeht, einmal mehr zu verurteilen. Wir müssen aktiv die Gegenkräfte stärken.

Ich maße mir als Christ nicht an, zu beurteilen, wer den Koran richtig auslegt. Aber ich nehme wahr, dass es höchst unterschiedliche Auslegungen des Korans gibt. Und ich begleite diejenigen Kräfte unter den Muslimen mit besonderer Aufmerksamkeit und Sympathie, die ihre Religion als Quelle eines Engagements für Demokratie und Menschenrechte verstehen und damit für uns als Christen Partner in dem Bemühen sein können, die Religionen als gesellschaftliche Friedenskraft zu profilieren.

Die Frage, ob der Islam zu Deutschland gehört, so wie es am 3. Oktober 2010 Bundespräsident Christian Wulff gesagt hat und wie es Kanzlerin Angela Merkel im Januar 2015 nach den Anschlägen auf die französische Satire-Zeitschrift „Charlie Hebdo“ bekräftigt hat, ist wichtig. Beide sagten klar: „Ja, der Islam gehört zu Deutschland.“

Ich kann das grundsätzlich nur unterstützen. Allerdings sage ich noch etwas präziser: Ein menschenrechtsverbundener Islam gehört zu Deutschland im 21. Jahrhundert. Aber ein fundamentalistischer Islam gehört nicht zu Deutschland. Menschenverachtende Ausdrucksformen von Religion können wir als Christen nicht wertschätzen. Noch nicht einmal respektieren wollen wir sie. Nur kann die Antwort nicht sein, nun unsererseits andere Religionen pauschal abzuwerten oder sie in ihren Ausdrucksformen zu bekämpfen. Es wäre ein geheimer Triumph für die Extremisten. Unser Protest gegen Verletzungen der Religionsfreiheit von Christen in vielen muslimischen Ländern gewinnt genau dadurch Nachdruck, dass wir selbst mit fremden Religionen hier anders umgehen.

Die Quelle dafür ist unser Christusglaube. Auf Christus zu schauen, das vermag unser Herz und unseren Geist wirklich zu erneuern. Als Christen können wir unsere Sorge vor Gott bringen und uns ihm anvertrauen. Wir sind in unseren Gebeten vereint mit den vielen Menschen, die sich überall auf der Welt für die Überwindung von Gewalt einsetzen. Je erkennbarer wir als globale Friedenskraft werden, desto deutlicher wird der Ruf, dass Aggression und Terror am Ende nicht siegen dürfen. Die Seligpreisungen der Bergpredigt (Matthäus 5, 3–11) beschreiben eine andere Welt: „Selig, die arm sind vor

Gott; denn ihnen gehört das Himmelreich. Selig die Trauernden; denn sie werden getröstet werden. Selig, die keine Gewalt anwenden; denn sie werden das Land erben. Selig, die hungern und dürsten nach der Gerechtigkeit; denn sie werden satt werden. Selig die Barmherzigen; denn sie werden Erbarmen finden. Selig, die ein reines Herz haben; denn sie werden Gott schauen. Selig, die Frieden stiften; denn sie werden Söhne Gottes genannt werden. Selig, die um der Gerechtigkeit willen verfolgt werden; denn ihnen gehört das Himmelreich."

Es ist ein faszinierendes, ein unwiderstehliches Kraftfeld, das entsteht, wenn wir diese Worte hören. Es sind mehr als Worte, es ist eine neue Realität. Sie ignoriert eben gerade nicht das ganze Leid, die ganze Abgründigkeit der Gewalt, die Menschen einander antun, die ganze Verzweiflung, die damit angerichtet wird. Aber sie stellt all das in den Horizont des anbrechenden Reiches Gottes, in dem alles neu wird und kein Leid mehr sein wird.

Unser Herz sehnt sich nach Zeichen dieses anbrechenden Reiches Gottes. Als Christen wissen wir: Die Gewalt hat keine Zukunft. Das Licht ist stärker als das Dunkel des Todes. Christus ist auferstanden. Von der Zukunft her weht der Wind der Seligkeit.

Das Licht aus Bethlehem legt Zeugnis davon ab. Das ist es, was mich bei der Friedenslicht-Aktion stets aufs Neue so berührt. Wenn ich die Augen der vielen Kinder und Jugendlichen sehe, ihre andächtige Ernsthaftigkeit, in denen genau diese Gewissheit aufleuchtet, dass unser aller Zusammenleben nur gelingen kann, wenn wir friedfertig miteinander umgehen.

Kapitel 5

SCHÖPFUNG BEWAHREN

DIE ENTFERNUNG zwischen meinem Büro im Landeskirchenamt in München und der Bayerischen Staatskanzlei beträgt nur knapp zwei Kilometer. Nachdem ich 2011 als Landesbischof eingesetzt wurde, machte ich meinen Antrittsbesuch beim Ministerpräsidenten. Ich nahm wie immer bei kleineren Entfernungen in München das Fahrrad. Der Pförtner schaute etwas verdutzt, als ich ankam. Inzwischen hat man sich daran gewöhnt, dass ich mit Rucksack und Helm zu politischen Gesprächen komme. Auch anderswo ist in Führungspositionen die Benutzung der Dienstlimousine nicht mehr unbedingt die Norm. Als ich vor einer Weile bei einem großen Unternehmen zum Arbeitsessen eingeladen war, wurde der Fahrradhelm in meiner Hand schnell zum Thema. Und wir stellten fest, dass die Hälfte des Vorstands dieses DAX-Unternehmens täglich mit dem Rad zur Arbeit fährt.

Ich habe mich darüber gefreut. Es gibt viele Punkte, an denen ich wie viele andere versuche, meinen Beitrag zu einer umweltbewussten Lebensweise zu leisten – ob es die Mülltrennung ist oder der mit Erdgas betriebene Kleinwagen, den ich privat fahre. Und dennoch lebe ich in tiefen Widersprüchen.

Sie sind mir bei der Vollversammlung des Weltkirchenrats im südkoreanischen Busan im Herbst 2013 einmal mehr besonders deutlich geworden.

Bei einem Plenum zum Klimawandel sprach ein Pfarrer der kleinen Südseeinsel Tuvalu. Er erinnerte in seiner Rede an die biblische Geschichte von der Sintflut. Er sagte sinngemäß: Damals bei der Sintflut war es so, dass Gott die Wassermassen schickte, um die Menschen für ihre Sünden zu bestrafen. Heute ist es so: Wir auf Tuvalu haben überhaupt nichts gemacht, wir leben einfach unser Leben. Aber ihr im Westen habt jahrzehntelang alles Mögliche in die Luft gepustet und deswegen haben wir jetzt einen steigenden Meeresspiegel, und Tuvalu wird untergehen. Warum tut Gott sowas?

Mir ist bei den Worten des Pfarrers aus Tuvalu besonders eindrücklich vor Augen getreten, welche konkreten desaströsen Konsequenzen mein Lebensstil für Menschen anderswo hat. Das ganze Ausmaß der Umweltzerstörung, die Ungerechtigkeit im Verhältnis zwischen Verursachern und Leidtragenden des Klimawandels bekamen ein Gesicht. Von Tuvalu werden wohl die ersten Klimaflüchtlinge kommen. Wir Menschen in den wohlhabenden Ländern zerstören den Lebensraum, den Gott der Menschheit als ganzer geschenkt hat, und die Konsequenzen tragen zuallererst andere.

Obwohl mich die Begegnung in Busan so beeindruckt hat, lebe ich nach meiner Rückkehr wie die meisten anderen in unserem Land. Und mich aus meiner Welt hier einfach auszukoppeln, wäre auch keine Lösung. Beruflich bin ich auf das Auto angewiesen und ich benutze immer wieder das Flugzeug. Ich mache mir zwar viele Gedanken darum. Und jeder Flug wird mit einem Geldbetrag an klimakollekte.de kompensiert, mit dem anderswo auf der Welt durch entsprechende ökologische Maßnahmen wie Solarkocher für Bauern die CO_2-Menge, die ich verursache, wieder eingespart wird. Trotzdem bleibt es dabei: Ich trage selbst mit meinem Lebensstil zur Zerstörung der Umwelt bei.

Es ist über 40 Jahre her, dass der Club of Rome 1972 mit seiner programmatischen Schrift „Die Grenzen des Wachstums" zum Umdenken aufrütteln wollte. Manches hat sich nicht so entwickelt wie prognostiziert, andere Befürchtungen wurden deutlich übertroffen. Klar ist heute aber auch: Alles, was in den letzten Jahrzehnten an sinnvollen Maßnahmen in Sachen Umweltschutz ergriffen wurde, reicht nicht aus. Der World Wildlife Fund (WWF) hat ausgerechnet: Wenn wir weiterhin mit dem gegenwärtigen Ressourcenverbrauch wirtschaften und gleichzeitig die armen Länder ihre Armut überwinden und – wie es ihr gutes Recht ist – das gleiche Wohlstandsniveau beanspruchen wie wir, dann brauchen wir im Jahr 2030 genau eine weitere Erde. Doch die haben wir nicht.

Verschiedene wissenschaftliche Expertisen der letzten Jahre sind sich einig: Es führt kein Weg vorbei an einer grundlegenden Transformation der Wirtschaft, will sie sich wirklich an einer Globalisierung der Nachhaltigkeit ausrichten. Ethische Gründe sind dafür genauso maßgebend wie das langfristige Eigeninteresse.

Wie anspruchsvoll die damit verbundene Aufgabe ist, hat im Jahr 2012 der Gipfel „Rio plus 20" gezeigt, an dem ich als

Mitglied der deutschen Regierungsdelegation teilgenommen habe. Das Schlussdokument hat keinerlei verbindliche Festlegungen für einen Fahrplan hin zu einer gerechten und ökologisch nachhaltigen Weltwirtschaft gebracht. Der Gipfel hat auch gezeigt, dass wir ökologisch nicht weiterkommen werden, wenn wir nicht endlich das Problem weltweiter sozialer Ungerechtigkeit ins Zentrum rücken.

Ein wesentlicher Grund dafür, dass sich die ärmeren Länder im Verbund der G77-Staaten bisher nicht auf die von Europa angestrebten weitergehenden ökologischen Standards verpflichten lassen wollten, ist die Sorge um ihre eigene Entwicklung. Bei Anhebung der ökologischen und sozialen Standards – so die nicht unbegründete Einschätzung – geht ihnen auch noch der letzte Wettbewerbsvorteil verloren, mit dem sie ihre Waren auf dem Weltmarkt verkaufen können. Die wirtschaftlich weit entwickelten Länder mit fortgeschrittenem ökologischem Know-how wären einmal mehr die Gewinner. Wie – so lautet deswegen die entscheidende Herausforderung im Prozess nach Rio – können die dringend notwendigen ökologischen Standards so eingeführt werden, dass die Armen nicht nur mittel- und langfristig, sondern auch kurzfristig davon profitieren?

Ich habe schon auf die skandalöse Tatsache hingewiesen, dass jeden Tag 24 000 Menschen sterben, weil sie nicht genug zu essen haben oder nicht die Medizin bekommen, die sie brauchen. Um diesen unerträglichen Zustand zu überwinden, ist Wachstum notwendig. Und deshalb gibt es weder ein pauschales Ja zu Wachstum noch ein pauschales Nein.

In den letzten Jahren hat die Diskussion um Wachstum an Schärfe zugenommen, denn wir erleben gegenwärtig das Zusammentreffen von zwei Entwicklungen, die ein einfaches „Weiter so" schlicht und einfach unmöglich machen, jedenfalls dann, wenn wir in irgendeiner Weise für uns in Anspruch nehmen wollen, verantwortlich zu handeln. Die Form des Wirtschaftens, die vielen von uns Wohlstand gebracht hat und deren Erfolg traditionell am Zuwachs des Bruttosozialprodukts gemessen wurde, ist an ihr Ende gekommen, wie die oben zitierte Prognose des WWF anschaulich zeigt. Das Problem spitzt sich dadurch dramatisch zu, dass in immer mehr Ländern Prozesse in Gang gekommen sind, die zur Überwindung von Armut zu führen beginnen. Wer sich nun etwa die Zahl der Autos pro Kopf in China und Indien auf dem Niveau vorstellt, das wir in Deutschland gewohnt sind, weiß, dass das nicht funktionieren kann. Es gibt gleichzeitig aber natürlich überhaupt keinen vernünftigen Grund dafür, dass Menschen in anderen Teilen der Welt weniger Recht auf Nutzung der Ressourcen dieser Erde haben sollten als wir selbst auch. Wie extrem unterschiedlich die Anteile gegenwärtig sind, zeigt die jährliche Pro-Kopf-Emission von CO_2. In den USA sind es rund 18 Tonnen, in Deutschland um die 10 Tonnen, in Tansania 0,2 Tonnen, in Ruanda 0,05 Tonnen – weltweit durchschnittlich sind es 4 Tonnen. Gerade noch verträglich für das Weltklima wären 2 Tonnen.

ÖKOLOGISCHES WIRTSCHAFTSWUNDER

Um diese Situation zu verändern, braucht es eine große Transformation von Produktionsprozessen, Regulierungssystemen und Lebensstilen im Zusammenspiel von Politik, Gesellschaft, Wissenschaft und Wirtschaft. Die Ausgangsfrage für die notwendigen Veränderungen kann nicht mehr sein: Wie viel Ökologie können wir uns leisten, wenn wir unseren Wohlstand halten oder weiter ausbauen wollen? Sondern die Ausgangsfrage muss sein: Wie viel Wohlstand und, vor allem, welche Form von Wohlstand verträgt unsere Erde, so dass auch zukünftige Generationen die Möglichkeit zu einem guten Leben haben?

Die notwendige Transformation wird verbunden sein mit einer grundlegenden Umorientierung der Zivilisation, in der wir Menschen wieder verstehen, dass wir selbst Teil der Natur sind und nicht gegen sie leben können, sondern nur mit ihr. Jedenfalls in den wohlhabenden Ländern steht dann nicht mehr die Steigerung des materiellen Wohlstands im Zentrum, sondern die Steigerung des Beziehungswohlstandes und des Naturwohlstandes.

Das ist im Hinblick auf die globale Ebene ein großes Ziel. Um es zu erreichen, braucht es Länder, die vorangehen. Ich glaube, dass Deutschland ein solches Land sein kann. Im Hinblick auf die erstaunliche Entwicklung des materiellen Wohlstands in Deutschland nach dem Zweiten Weltkrieg sprechen wir vom „deutschen Wirtschaftswunder". Was wir jetzt brauchen, ist ein neues „ökologisches Wirtschaftswunder".

Unser Leben wird sich ändern müssen. Vier Ebenen sind dabei maßgeblich: die individuelle Ebene, die Ebene der

Organisationen und Unternehmen, die politisch-strukturelle Ebene und die sozialkulturelle Ebene. Auf allen diesen Ebenen werden wir soziale Gerechtigkeit und ökologische Nachhaltigkeit ins Zentrum rücken müssen. Und das wird uns – davon bin ich überzeugt – auch gelingen.

Auf der individuellen Ebene kann sich jeder Einzelne von uns fragen – und viele, viele Menschen tun das ja auch mit großer Ernsthaftigkeit –, wie und was wir konsumieren oder wie mobil wir sein wollen. Dafür gibt es bereits höchst kreative Erfolgsmodelle: in den Großstädten etwa der Trend, auf den eigenen PKW zu verzichten und sich stattdessen Carsharing-Systemen anzuschließen. Oder die Stadt-Räder, die man inzwischen an fast jeder Ecke mieten kann. Oder die viel beachteten Lebensmittelläden in Berlin und Heidelberg, die komplett auf Verpackung verzichten. Die Produkte im Sortiment müssen alle in selbst mitgebrachte Glasflaschen, Tupperware oder sonstige Behälter abgefüllt werden. Nicht nur der Umwelt kommt das zugute, sondern auch dem Portemonnaie. Denn die Verpackungskosten fallen weg. Aufgrund des großen Erfolgs bei den Kunden bestehen in Berlin bereits kurz nach der Eröffnung Expansionspläne.

Nicht immer sind solche Projekte erfolgreich. Und manchmal halten sie nicht das, was sie ökologisch versprechen. Aber es sind wichtige Pionierprojekte, die den Menschen auf der individuellen Ebene ermöglichen, die notwendige ökologische Neuorientierung auch selbst zu praktizieren. Durch das Prinzip von Angebot und Nachfrage sind die Konsum-Entscheidungen und Mobilitätsmuster der je Einzelnen eine wichtige Größe für die Entwicklung der Wirtschaft.

Aber auch die Ebene von Organisationen und Unternehmen spielt eine zentrale Rolle. Es ist eben nicht egal, ob ein Unternehmen nur die Optimierung des Gewinns als Unternehmensziel ausgibt oder ob auch die gesellschaftliche und damit auch ökologische Verantwortung Teil der Unternehmenspolitik ist. Es macht einen Unterschied, ob in den Budgetprioritäten einer Organisation die ökologische Fragestellung einen erkennbaren Stellenwert hat. Die Kirche selbst muss hier mit gutem Beispiel vorangehen.

Dass die politisch-strukturelle Ebene für das Gelingen einer ökologischen Umorientierung von zentraler Bedeutung ist, liegt auf der Hand. Denn dort werden die gesetzlichen Regeln geschaffen, die entscheidend dafür sind, dass ein Unternehmen, das sich ökologisch zu verhalten versucht, nicht vom Markt verschwindet, sondern am Markt Erfolg hat.

Schließlich ist die sozialkulturelle Ebene von nicht zu unterschätzender Bedeutung für die notwendige ökologische Umorientierung. Ob Verhaltensweisen, die die Umwelt schädigen, als normal gelten oder Anstoß erregen, ist eben auch abhängig davon, ob die entsprechenden Verhaltensnormen in einer Gesellschaft verinnerlicht worden sind oder nicht. Den Test kann jeder machen, der vergleicht, wie unterschiedlich es in verschiedenen Ländern wahrgenommen wird, wenn bei offenem Fenster geheizt wird oder tagsüber das Licht in der Wohnung brennt, obwohl niemand zu Hause ist.

Die Aufgabe einer ökologischen Umorientierung ist gewaltig. Dass sie trotzdem gelingen kann, zeigt sich, wenn wir uns klarmachen, wie viel schon passiert ist.

Noch in meiner Studienzeit wurden die Menschen, die gegen Atomkraft oder gegen das Waldsterben demonstrierten, in eine bestimmte „alternative" Ecke geschoben. Manchmal wurden sie belächelt. Heute können es sich in Deutschland weder Parteien noch Industrie leisten, Fragen des Umweltschutzes zu ignorieren. Selbst die Werbung wuchert damit. Heute schalten große Unternehmen teure ganzseitige Image-Anzeigen in Zeitungen, um auf ökologische Nachhaltigkeit als Unternehmensziel hinzuweisen.

Unternehmer sind oft zugleich Visionäre. Sie haben wesentlich dazu beigetragen, dass nach dem Krieg in Deutschland ein Wirtschaftswunder entstanden ist, das niemand sich hätte träumen lassen. Sie sind auch jetzt wieder ganz wichtig für die bevorstehenden Aufgaben. Viele neue Wirtschaftszweige sind entstanden, die sich ökologisch sauberen Methoden verschrieben haben, Wind- und Solarenergie sind wichtige Bereiche unserer Wirtschaft geworden. Neue Klärmethoden haben dazu geführt, dass Flüsse wie Elbe und Main inzwischen wieder so sauber sind, dass in ihnen gebadet werden kann und Pflanzen und Tiere zurückgekommen sind. Autos werden produziert, die nicht nur viel weniger Kraftstoff verbrauchen, sondern deren Abgase auch viel stärker gefiltert werden als früher. Mülltrennung ist bei uns fast flächendeckend Standard. Die nächste Generation wird bereits in Kindergarten und Schule dafür sensibilisiert. Moderne Recycling-Technologien ermöglichen die Wiederverwendung wertvoller Rohstoffe.

Das Engagement vieler Menschen für die Umwelt, auch in den Kirchen, hat sich also gelohnt. Es hat sich schon jetzt viel verändert. Deswegen ist die Ausgangsbasis dafür gut, dass wir in Deutschland vorangehen. Dass das Wort „Energiewende“ in anderen Sprachen nicht übersetzt wird, sondern als Fachterminus auf Deutsch in sie eingeht, ist nur ein Indiz dafür, dass man auch weltweit auf Deutschland schaut, wenn es um eine Umstellung der Energieproduktion auf regenerative Energien geht. Unsere Ingenieure gehören zu den besten der Welt. Wir haben kreative Unternehmerinnen und Unternehmer. Wir haben gut ausgebildete und gut arbeitende Arbeitnehmerinnen und Arbeitnehmer. Wir sind mit einem Wohlstand gesegnet, der beherzte Zukunftsinvestitionen ermöglicht. Ich bin überzeugt: Wir können in Deutschland anderen in der Welt zeigen, dass es geht, als Land gut zu leben, ohne die Umwelt zu zerstören. Ein solches neues ökologisches Wirtschaftswunder wäre ein Zukunftsprojekt, für das sich das Engagement wirklich lohnen würde.

AUSBEUTUNG DER NATUR IM NAMEN DER KIRCHE?

Immer wieder ist der Vorwurf erhoben worden, das Christentum habe eine zentrale Rolle zur ideologischen Untermauerung der Ausbeutung unserer Ressourcen gespielt. Der Satz „Macht euch die Erde untertan“ aus Genesis 1,28 ist in der Geschichte so gedeutet worden, dass der Mensch mit der Erde tun und lassen kann, was er will. Das ist eine krasse Fehlinterpretation. Denn untertan machen heißt in der Bibel eben nicht willkürlich herrschen und zerstören, sondern es heißt, verantwortlich mit etwas umgehen. In Psalm 8 lesen wir: „Wenn ich sehe die

Himmel, deiner Finger Werk, den Mond und die Sterne, die du bereitet hast: Was ist der Mensch, dass du seiner gedenkst, und des Menschen Kind, dass du dich seiner annimmst? Du hast ihn wenig niedriger gemacht als Gott, mit Ehre und Herrlichkeit hast du ihn gekrönt. Du hast ihn zum Herrn gemacht über deiner Hände Werk, alles hast du unter seine Füße getan: Schafe und Rinder allzumal, dazu auch die wilden Tiere, die Vögel unter dem Himmel und die Fische im Meer und alles, was die Meere durchzieht. HERR, unser Herrscher, wie herrlich ist dein Name in allen Landen!"

In diesen Worten steckt ein tiefes Verständnis für die Würde des Menschen und seine Verantwortung für die außermenschliche Natur. Es trifft mitten hinein in die Fragen, die wir uns im Hinblick auf das Verhältnis zwischen Mensch und Natur stellen. Dürfen wir Menschen die Natur unseren Zwecken so weit wie möglich dienstbar machen, weil Gott dem Menschen eben eine zentrale Stellung in seiner Schöpfung gegeben hat? Ist der Mensch die Krone der Schöpfung? Oder ist es genau umgekehrt? Heißt es nicht: Gerade weil der Mensch eine hervorgehobene Stellung gegenüber der Natur hat, hat er dafür Sorge zu tragen, dass die Schöpfung bewahrt wird?

In der Bibel geht es in Wirklichkeit eben gerade nicht um den Herrschaftsanspruch des Menschen. Man muss nur die Worte unseres Psalms 8 wirklich hören, um das zu verstehen. Nicht der Mensch wird verehrt und gepriesen, sondern Gott und sein Schöpfungswerk! Es ist das Staunen über das wunderbare Schöpfungswerk Gottes, das diese Worte zum Ausdruck bringen, und das Lob dessen, der das alles so wunderbar gemacht hat. Demut angesichts solcher Herrlichkeit ist das Gefühl, das in solchen Worten zum Ausdruck kommt. Der Mensch könnte sich klein fühlen.

Aber der Mensch, das ist das Faszinierende dieser Worte, ist nicht klein. „Du hast ihn wenig niedriger gemacht als Gott, mit Ehre und Herrlichkeit hast du ihn gekrönt." Der Mensch ist nicht klein, sondern groß. Groß an Würde! Groß an Achtung. Groß an Verantwortung. Weil er ganz genau weiß, woher seine Größe kommt. Sie kommt von Gott, seinem Schöpfer, dem Schöpfer des Himmels und der Erde, der seine Schöpfung liebt und dem Menschen den Auftrag gegeben hat, sie zu bebauen und zu bewahren.

Der Satz „Machet euch die Erde untertan" aus der Schöpfungsgeschichte ist von Kritikern des Christentums genauso gründlich missverstanden worden wie von den Christen selbst, die seit der Neuzeit diese biblischen Worte tatsächlich als Legitimation zur Ausbeutung der Natur missbraucht haben. Denn Herrschaft heißt im Alten Testament eben gerade nicht Ausbeutung. Der Herrscher im Alten Testament, der König, ist kein Willkürherrscher. Die ihm von Gott gegebene Aufgabe lautet: das Recht der Schwachen schützen und für die Armen einstehen. Herrschaft heißt Fürsorge. Und deswegen heißt Herrschaft des Menschen über die Natur in der Verantwortung vor Gott nichts anderes als Fürsorge gegenüber der Natur, das Bebauen und Bewahren, von dem an anderer Stelle in der Bibel die Rede ist.

Als Kirchen haben wir viele Möglichkeiten, den damit verbundenen Auftrag ernst zu nehmen. Ein inzwischen etabliertes

Umweltzertifikat für Kirchengemeinden wertet Energieverbrauch, effektive Gebäudesanierung und Energieeinsparungen, sinnvolle Raumbeheizung aus, aber auch die öko-faire Beschaffung von Verbrauchsgütern wie Recyclingpapier und vieles mehr. Das ist ein Ansporn für Kirchengemeinden, sich ökologisch auf dem Stand des Möglichen zu bewegen.

Wichtig ist aber auch, den mit einem Verständnis der Natur als Schöpfung Gottes verbundenen Wertmaßstäben auf gesellschaftlicher und politischer Ebene Gehör zu verschaffen. Wenn ich von einer Begegnung wie der in Südkorea zurückkomme, mit der Geschichte des Pfarrers aus Tuvalu im Herzen, dann weiß ich natürlich, dass damit noch kein ausgefeiltes politisches Konzept verbunden ist, für das ich im Berliner Kanzleramt werben könnte. Aber wenn ich auf Entscheidungsträger aus der Politik oder Interessenvertreter der Wirtschaft treffe, dann berichte ich von dem, was ich erlebt habe. Und ich bin zuversichtlich, dass es viele von ihnen nicht unberührt lässt, von den konkreten destruktiven Konsequenzen unseres Wirtschaftens für Menschen in anderen Teilen der Welt zu hören. Und vielleicht kann es mit dazu beitragen, die Prioritäten bei künftigen Entscheidungen richtig zu setzen.

Als Christen sollten wir uns jedenfalls einmischen, wenn es um ethische Grundorientierungen für die Politik geht. Denn es gehört zum Auftrag der Kirche, darüber nachzudenken, wie wir als Gesellschaft insgesamt leben wollen. Und beim Thema Schöpfung müssen wir als Christen ganz klar sagen: Es ist unverantwortlich, jetzt auf Kosten zukünftiger Generationen und ohne Rücksicht auf jetzt lebende Menschen in anderen Teilen der Welt zu leben. Deswegen unterstützen wir auch ausdrücklich das Projekt der Energiewende in Deutschland. Denn sowohl der hochgefährliche radioaktive Müll, den wir noch viele Tausend Jahre nach uns lebenden Menschen hinterlassen, als auch die Verbrennung der in Jahrmillionen entstandenen fossilen Brennstoffe mit entsprechendem CO_2-Ausstoß stehen im Widerspruch zu den ethischen Maßstäben, die sich aus dem christlichen Glauben ergeben.

Es ist wichtig zu wissen, dass schon allein gute Vernunftgründe für einen verantwortlichen Umgang mit der Natur sprechen. Für uns Christen kommen die Motivation dafür und die Klarheit in der Orientierung für unser Handeln aber immer zuallererst aus der Kraft des Glaubens und des Gebets. Sie kommen aus dem Staunen darüber, wie wunderbar Gott die Natur geschaffen hat.

Das Staunen über die Natur als Schöpfung Gottes ist etwas ganz Grundlegendes für die Motivation, die Schöpfung zu bewahren. Es geht mir in der Natur immer mal wieder so, dass mir die Schöpfungspsalmen aus der Bibel, etwa Psalm 104, in den Sinn kommen. Sie drücken das Lob darüber aus, wie wunderbar Gott alles gemacht hat. Ich glaube, dass die Natur nicht in sich auf Gott hinweist, sondern dass wir dazu die Bibel als Interpretationshilfe brauchen. Die Naturerfahrung ersetzt keinen Gottesdienst. Wir alle wissen, dass die Natur auch grausam sein kann. Aber ich kann in der Natur Gleichnisse des Reiches Gottes sehen, so wie die Bibel es erzählt. Jesus sagt zum Beispiel: „Seht die Vögel am Himmel, sie säen nicht, sie ernten nicht und ihr himmlischer Vater ernährt sie doch. Seht die Lilien auf dem Felde, wie sie wachsen, auch Salomo war nicht schöner gekleidet.“ (Matthäus 6) Und dann fährt Jesus fort: Sorgt euch nicht. Wenn Gott so gut für die Natur sorgt, ohne dass sie etwas tun muss, dann könnt ihr auch darauf vertrauen, dass Gott für euch sorgt.

Wer Gott als den Schöpfer der Welt bekennt, kommt an dem Engagement für die Bewahrung der natürlichen Lebensgrundlagen nicht vorbei. Und er darf dabei darauf vertrauen, dass Gott seine Schöpfung nicht allein lässt, dass Gott diese Welt in seiner Hand hält. Diese Gewissheit, diese Zuversicht sind das beste Gegenmittel gegen jede Resignation, die sich aus ökologischen Katastrophenszenarien ergeben mag. Was wir jetzt in Verantwortung für die Schöpfung zu tun haben, ist klar. Den Erfolg können wir getrost in Gottes Hand legen.

Kapitel 6

LASS DICH BEGEISTERN

WIR MENSCHEN sind unser Leben lang auf der Suche nach Glück. Im 21. Jahrhundert vielleicht mehr denn je. Glück ist wohl das programmatische Wort unserer Zeit. Buchhandlungen haben eigene Regale für Glücksratgeber eingerichtet mit Titeln wie „Wo geht's denn hier zum Glück?“ oder „Glück kommt selten allein“ oder auch „Glück ist kein Zufall“. Zeitschriften verkünden in schönster Regelmäßigkeit, meistens im Sommerloch oder um die Weihnachtszeit, die neue Glücksformel auf ihren Titelseiten. Formeln, die von Glücksforschern entwickelt wurden. Die Frage dahinter ist immer: Was hilft Menschen, glücklich zu werden? Und was ist Glück überhaupt?

Die Antworten fallen oftmals höchst einfach aus, als könnte man das Leben nach einem Fahrplan gestalten. Nach dem Motto: „Man nehme …“ – und schon gelingt es. Die Realität sieht anders aus.

Interessant dabei: Vieles von dem, was die Glücksforscher als die Kernpunkte eines glücklichen Lebens ermitteln, gehört zu den Kernthemen der Bibel.

Die Glücksforscher sagen zum Beispiel: „Lernen Sie dankbar zu sein." Das kennen wir aus Psalm 103: „Lobe den HERRN, meine Seele, und was in mir ist, seinen heiligen Namen! Lobe den HERRN, meine Seele, und vergiss nicht, was er dir Gutes getan hat!" Dankbar zu sein ist wohl das zentrale Merkmal eines Lebens, das als von Gott geschenkt verstanden wird.

Die Glücksforscher sagen auch: „Lernen Sie zu vergeben, das schwächt negative Emotionen." Um Vergebung bitten wir Christenmenschen in jedem Gottesdienst, wenn wir das „Vaterunser"-Gebet sprechen: „Vergib uns unsere Schuld, wie auch wir vergeben unseren Schuldigern." Die Bereitschaft zur Vergebung, zur Nachsicht, sickert dabei in unsere Seele ein. Denn wir wissen, wie sehr wir selbst auf Vergebung angewiesen sind.

Die Glücksforscher geben uns den Rat: „Seien Sie optimistisch und vermeiden Sie negatives Denken. Optimistisch zu sein bedeutet voller Zuversicht in die Zukunft zu blicken. Optimisten sind die besseren Realisten." Wir hören auf Paulus, wie er uns Glaube, Liebe, Hoffnung ins Herz schreibt. Und wir lesen in dem Buch der Offenbarung, das so etwas ist wie ein Schaufenster in die Ewigkeit: „Siehe da, die Hütte Gottes bei den Menschen! Und er wird bei ihnen wohnen, und sie werden sein Volk sein und er selbst, Gott mit ihnen, wird ihr Gott sein; und Gott wird abwischen alle Tränen von ihren Augen, und der Tod wird nicht mehr sein, noch Leid noch Geschrei noch Schmerz wird mehr sein; denn das Erste ist vergangen. Und der auf dem Thron saß, sprach: Siehe, ich mache alles neu!" (Offenbarung 21,3–5).

Dietrich Bonhoeffer hat in seinem als „Ethik" veröffentlichten Buch davon geschrieben. Er schaut genau hin und unterscheidet den falschen, den billigen Optimismus, der die Probleme einfach verdrängt und kleinredet, von dem wirklichen Optimismus als Willen zur Gestaltung einer besseren Zukunft: „Wenn morgen der jüngste Tag anbricht, dann wollen wir gerne die Arbeit für eine bessere Zukunft aus der Hand legen. Vorher aber nicht!" In dieser Perspektive zu leben, heißt, erfüllt zu leben.

Die Glücksforscher sagen: „Stärken Sie Ihre sozialen Beziehungen. Wir sind soziale Wesen und daher auf andere Menschen angewiesen. Dazu gehören Hilfsbereitschaft, Zeit für soziale Beziehungen, also Familie und Freunde. Das sind Dinge, die wir nicht kaufen können, wir müssen Zeit investieren." Besser kann man kaum die Konsequenzen eines authentischen Glaubens für das Leben beschreiben. Der zentrale Bezugspunkt für das Leben eines Christen ist das Doppelgebot der Liebe, von dem schon die Rede war. Eigentlich müsste man präziser sagen: Dreifachgebot der Liebe. Denn drei Adressaten der Liebe kommen vor: Gott lieben, den Nächsten lieben und sich selbst lieben. Den Nächsten lieben kann nur, wer gelernt hat auch sich selbst zu lieben. Und uns selbst zu lieben, lernen wir, wenn wir das wirklich ernst nehmen, dass Gott uns aus Liebe geschaffen hat. Aus dem Liebesgebot zu leben, dieses Liebesgebot verinnerlicht zu haben, das stärkt tatsächlich unsere sozialen Beziehungen!

Ein weiterer Ratschlag der Glücksforscher lautet: „Leben Sie im Hier und Jetzt. Genuss und Flow schaffen Wohlbefinden, genießen Sie die Freuden des Lebens. Ständig daran zu denken, was morgen anders sein könnte, fördert das Glücklichsein nicht, sondern vermiest uns das Heute." Recht haben sie, die Glücksforscher. Jesus hat das schon vor 2000 Jahren gewusst. „Sorgt nicht um euer Leben", sagt er, „was ihr essen und trinken werdet; auch nicht um euren Leib, was ihr anziehen werdet. Ist nicht das Leben mehr als die Nahrung und der Leib mehr als die Kleidung? Seht die Vögel unter dem Himmel an: Sie säen nicht, sie ernten nicht, sie sammeln nicht in die Scheunen; und euer himmlischer Vater ernährt sie doch. Seid ihr denn nicht viel mehr als sie? (...) Trachtet zuerst nach dem Reich Gottes und nach seiner Gerechtigkeit, so wird euch das alles zufallen. Darum sorgt nicht für morgen, denn der morgige Tag wird für das Seine sorgen." (Matthäus 6,26)

Wieder kann ich nur staunen über diese starken Worte. Was für eine beglückende Zuversicht aus ihnen spricht. Eine Zuversicht, die der christliche Glaube uns geben kann.

Und schließlich sagen die Glücksforscher: „Beschäftigen Sie sich mit etwas Transzendentem, mit etwas, das über unser *Ich* hinausgeht, denn das bringt Sinn und Tiefe in unser Leben." Und man möchte ausrufen: Ja! Endlich wird die Sache beim Namen genannt! Und es kommt diese alte Tradition des Christentums in den Blick, die unsere Kultur seit weit mehr als 2000 Jahren geprägt hat.

Mancher will heute davon nichts mehr wissen und kehrt der Kirche den Rücken zu, weil leider aus ihr in unserer Geschichte auch so viel Fragwürdiges erwachsen ist. Aber angesichts der Neigung zu Esoterik und der Suche nach Glück in fernöstlichen Religionen darf man sagen: Warum denn in die Ferne schweifen, wenn das Gute liegt so nah? In unserer christlichen Tradition steckt all das drin, was die modernen Menschen auf der Suche nach dem Glück ersehnen. Man muss es nur wieder neu entdecken.

Nur: Wenn das so einfach ist, warum strömen die Menschen dann nicht in Scharen in unsere Gemeinden? Und warum nehmen sogar in manchen Jahren stattdessen Kirchenaustritte zu?

KIRCHE NEU ENTDECKEN

Früher gehörte es zum guten Ton, Mitglied der Kirche zu sein. Und wer aus der Kirche ausgetreten ist, musste soziale Sanktionen befürchten. Das wünsche ich mir nicht zurück, auch wenn es verhinderte, dass Menschen, die sich eigentlich von der Kirche entfremdet hatten, aus ihr austraten. Ich möchte, dass die Menschen aus Freiheit Mitglied unserer Kirche sind. Ich freue mich, dass es nach wie vor sehr viele sind – zig Millionen, die überwiegende Zahl der Menschen in unserem Land. Sie alle haben gute Gründe, der Kirche die Treue zu halten, selbst da, wo sie wenig Kontakt mit ihrer Kirchengemeinde haben.

Zu allen Zeiten gab es unterschiedliche Formen, den Glauben zu leben.

Ich kenne viele gläubige Christen, die den Gottesdienst nicht besuchen, sondern das Gemeinschaftserlebnis vielleicht lieber in einem Bibelkreis suchen oder auch ganz anders. Das ist zu respektieren, sosehr ich mir wünsche, dass Menschen die Kraft des Gottesdienstes neu entdecken.

Dass Kirche heute in Teilen der Gesellschaft als unzeitgemäß wahrgenommen wird, ist gerade vor dem Hintergrund der beschriebenen Sehnsucht nach Glück und den starken Antworten, die die Bibel darauf gibt, eigentlich unverständlich. Christlicher Glaube ist ein wirklich tragfähiges Fundament für das Leben eines jeden Menschen heute wie damals. Das müssen wir viel deutlicher machen. Dann werden die Menschen – davon bin ich überzeugt – auch die Kirche neu entdecken.

KIRCHE ALS SOZIALE BEWEGUNG

Es gab und gibt immer wieder Momente in der Geschichte, in denen die Kirche oder aus dem Raum der Kirche kommende Bewegungen maßgebliche Impulse dafür gegeben haben, gesellschaftliche Fehlentwicklungen zu korrigieren und unsere Gesellschaft humaner zu machen.

In den 1960er Jahren trat der Baptistenpfarrer Martin Luther King aus der Kraft des christlichen Glaubens für die Überwindung der Rassentrennung in den USA ein. Dass er dabei dem Aufruf Jesu zur Gewaltlosigkeit treu geblieben ist, hat viele nachhaltig beeindruckt. Martin Luther King hat die Welt verändert. Seine Rede „I have a dream" gehört zu den großen visionären Texten des letzten Jahrhunderts. Und sein Traum wurde wahr: Die gesetzlich legitimierte Rassentrennung in den USA wurde schließlich überwunden, sowenig rassistische

Einstellungen bis heute verschwunden sind. Knapp 50 Jahre später wurde mit Barack Obama der erste Afroamerikaner zum Präsidenten der USA gewählt.

Ich denke auch an die Menschen in den Kirchen der DDR. Ende der 80er Jahre sind sie für Gerechtigkeit, Frieden und die Bewahrung der Schöpfung eingetreten, sie haben den Einschüchterungsversuchen der Staatsmacht täglich aufs Neue widerstanden – Kirche und Bürgerrechtsbewegung gemeinsam. Bei den „Montagsgebeten“ haben sich an vielen Orten erst Dutzende, dann Hunderte und schließlich Tausende von Menschen versammelt, um für eine friedliche Lösung und eine nachhaltige Veränderung der Gesellschaft zu beten. Die Bilder von Kerzenmeeren, Glockengeläut und Massendemonstrationen gingen um die Welt. Und die Regierung der DDR wagte es irgendwann nicht mehr, dem mit Gewalt entgegenzutreten. Die Kirche war ganz vorn dabei, bei der friedlichen Revolution in Deutschland.

Auch aktuell erleben wir wieder eine solche Phase, in der couragierte Bürger für andere eintreten. Sie sehen die Bilder der Flüchtlingsdramen, die sich Woche für Woche im Mittelmeer oder anderswo an den Grenzen Europas abspielen, aber auch die der feigen Angriffe auf Flüchtlingsunterkünfte. Und sie wenden sich an die christlichen Gemeinden mit Sachspenden oder bieten ihre tätige Mithilfe bei verschiedenen Hilfsprojekten an. Weil sie wissen, dass die christlichen Kirchen diese Menschen nicht im Stich lassen.

In besonderer Weise ist die Kirche in der Rolle des Anwalts der Schwachen. Sie kümmert sich um Obdachlose und Verfolgte, Arme und Kranke, Behinderte und Benachteiligte – Kirche erhebt die Stimme für die, die Hilfe brauchen.

„Meine Kraft ist in den Schwachen mächtig", heißt es im 2. Korintherbrief (Kapitel 12, Vers 9). Diejenigen, die unter normalen Bedingungen keine Perspektive haben, dürfen auf Gottes Kraft, auf seine Liebe setzen.

Mancher ist vielleicht genervt davon, dass in der Kirche so viel von den Schwachen die Rede ist, und fragt sich: Wo komme *ich* eigentlich vor? Sieht Gott mich nicht, wenn ich nicht schwach bin? Muss ich vielleicht erst selbst schwach werden, damit Gott auch für mich da ist? Das ist natürlich keinesfalls so. Im Gegenteil: Wir dürfen sogar von Herzen dankbar sein für Erfahrungen des Starkseins, der Kraft und des Glücks. Solche Erfahrungen sind wunderbar und können auch zum Segen für andere werden.

Doch es gilt auch hier, genau hinzusehen und achtsam zu sein: Werden unsere Gaben zum Segen für andere, weil wir genau wissen, wie sehr sie eben Geschenk Gottes sind? Oder betrachten wir sie als unseren Besitz, den wir unserer eigenen Leistung zuschreiben, auf den wir deswegen vielleicht besonders stolz sind und den wir zu verteidigen suchen? Ich denke dabei an das viel strapazierte Wort von den „Leistungsträgern" unserer Gesellschaft. Für mich hat es einen Beigeschmack, ich mag es nicht, weil darin die Abwehr sozialer Verantwortung mitschwingt. Wer sich selbst als Leistungsträger sieht, entwertet oftmals die Existenz anderer.

Die alleinerziehende Krankenschwester auf der Krebsstation, die im Schichtdienst tätig ist, sich um sterbende Menschen kümmert und nach Feierabend eine gute Mutter zu sein versucht, die ist normalerweise nicht gemeint, wenn von den Leistungsträgern die Rede ist. Dabei gehört nicht viel Phantasie dazu, sich vorzustellen, was sie tagein, tagaus leistet.

Ich mag die Rede von den „Leistungsträgern" nicht, weil sie in der Regel genau *darüber* hinweggeht. Und weil sie die Menschen in Kategorien einteilt – in solche, die viel leisten, und andere, die wenig oder gar nichts leisten. Gegenüber solchen Einteilungen hat das biblische Wort eine heilsame Wirkung: Gottes Kraft ist in den Schwachen mächtig!

AUSZUG AUS EINER PREDIGT AN NEUJAHR 2012 IN MÜNCHEN

Gott schaut nicht auf das, was du leistest, auf das, was du gesellschaftlich darstellst, auch nicht auf die Höhe deines Bankkontos und noch nicht mal darauf, ob du dich häufiger anständig als unanständig verhalten hast. Nein, Gottes Kraft ist in den Schwachen mächtig! Und wenn du diesen Satz wirklich in deine Seele hereinlässt, merkst du vielleicht, wie unendlich gut er auch dir tut. Denn du weißt: Gott ist bei dir, egal ob die Tage gut sind oder ob sie schwer sind, ob du obenauf bist oder ob du im finsteren Tal wanderst. Was kann dir da noch passieren?

Der biblische Satz hat noch eine Bedeutung. Er ruft uns zu: Hör auf, dich über deine eigene Leistung zu definieren! Und hör auf, andere nach ihrer Leistung zu beurteilen!

Die Schwachen, das sind nicht nur die anderen, auch wenn es den meisten von uns natürlich besser geht als einem Obdachlosen oder anderen Hilfsbedürftigen. Aber – das wage ich zu behaupten – Erfahrungen der Schwachheit haben wir alle schon mal gemacht. Wenn einer, der zu unseren Liebsten gehört, krank wird, und wir können nichts machen, und wenn wir ihn dann vielleicht verlieren und so fürchterlich vermissen. Oder wenn durch Streit, durch Trennung, durch Tod oder durch Pech im Beruf alles wegbricht – der Lebensplan passé ist. Dann stehen wir plötzlich – bildlich gesehen – mit leeren Händen da. Denn es geht nicht um die Menge dessen, was wir angehäuft haben – sondern um die Kostbarkeit des Wesentlichen. Was nützt der größte Besitz, wenn der Lebenspartner uns verlässt, wenn er schwer krank wird, wenn er am Ende stirbt?

Was nützt der Besitz, wenn uns der Sinn des Ganzen abhandengekommen ist?

Wenn wir uns das klarmachen, beginnen wir vielleicht zu verstehen, welch erlösender Satz das ist, den Christus uns zuspricht: „Meine Kraft ist in den Schwachen mächtig". Du bist ganz unten – aber ich bin da. Meine Kraft reicht bis in die tiefsten Tiefen. Und sie trägt dich. Darauf kannst du dich verlassen.

Wer das wahrnimmt, sieht die Welt mit neuen Augen: Deinen Selbstwert, dein ganzes Selbstverständnis auf deine Leistung zu bauen, heißt, dein Haus auf Sand zu bauen. All deine Errungenschaften nützen dir am Ende nichts. Aber auf die Kraft, die in den Schwachen mächtig ist, auf die kannst du wirklich dein Leben aufbauen. Die ist wie ein Fels, der in keiner Situation wegbricht. Dies zu wissen, macht dich frei von allen Zwängen. Sie macht dich froh und sie öffnet dein Herz für die anderen – weil du nicht mehr permanent um dich selbst und deinen Besitz, dein Können und dein Reden kreisen musst.

Aber es ist auch ein Satz, der denen Mut zuspricht, die aus der Vision des Reiches Gottes leben, aber so gar nichts davon im Hier und Jetzt sehen und spüren können. Er gibt denen neue Hoffnung, die sich für eine bessere Welt einsetzen, für Gerechtigkeit, für Frieden und für die Bewahrung der Natur, und sich oft genug angesichts der Verhältnisse so schwach fühlen. Ihnen sagt Gott: Du sollst in deinem Engagement für eine bessere Welt den Mut nicht verlieren. Manchmal wird aus ganz Kleinem ganz Großes. Vertraue darauf, dass meine Kraft wirkt, auch dann, wenn alles aussichtslos scheint und du dich gerade schwach fühlst.

ENGAGEMENT FÜR DIE WELT

Obwohl die Kirche oftmals als Anwalt der Armen, Schwachen und Unterdrückten auftritt, sollte sie sich nicht auf diese Rolle reduzieren lassen. Dass wir uns bei politischen Themen zu Wort melden, bei denen ethische Grundorientierungen auf dem Spiel stehen, muss klar sein. Aber zugleich sollten wir deutlich machen, warum das so ist. Die Menschen müssen spüren, was uns dazu treibt, uns zu engagieren. Dass es nicht um uns selbst geht, um Macht und Einfluss – sondern darum, Jesus zu folgen, der eben auf der Seite der Schwachen steht.

Frömmigkeit ohne Engagement für die Welt ist ein Widerspruch in sich. Wie könnte man zu einem Gott beten, der die Welt aus Liebe geschaffen hat, und dann reine Innerlichkeit pflegen und der Welt auf diese Weise das Zeugnis dieser Liebe vorenthalten? Wie könnte man die Aussage in der biblischen Schöpfungsgeschichte, dass der Mensch zum Bilde Gottes geschaffen ist, lesen und sich dann abwenden und wegschauen, wenn diese Geschöpfe Gottes sich aus Verzweiflung auf lebensgefährliche Boote begeben und dann zu Tausenden jämmerlich ertrinken? Den Zusammenhang zwischen beidem – der Frömmigkeit und dem Engagement für die Welt –, müssen wir zukünftig noch viel deutlicher machen. Aus meiner Sicht ist klar: Wer fromm ist, muss auch politisch sein.

ZUKUNFT DER KIRCHE

Die geistliche Ausstrahlung alles dessen, was wir tun, ist der Schlüssel, wenn wir nach der Zukunft unserer Kirche fragen.

Wie werden sich die Mitgliedszahlen künftig entwickeln? Welche Prognosen kann man aufgrund demographischer Entwicklungen machen? Werden wir mittelfristig bei sinkenden Kirchensteuereinnahmen und gegebenenfalls politisch motivierten, geänderten Rahmenbedingungen überhaupt noch genügend Mittel haben, um unsere kirchliche Arbeit weiterhin in dem Ausmaß zu tun wie jetzt? Wie können wir unser Glaubenswissen an Jugendliche weitergeben, so dass es erhalten bleibt für künftige Generationen? Und ganz generell: Wie wird unsere Kirche in 20 Jahren aussehen?

Das sind Fragen, die nahezu jedes kirchliche Gremium beschäftigen, egal ob evangelisch oder katholisch. All diese Zukunftsfragen schwingen bei unserer täglichen Arbeit immer mit, bei jedem nicht gut besuchten Gottesdienst genauso wie bei jedem fulminant-euphorischen Kirchentag.

Viele christliche Gemeinden lassen sich einiges einfallen, um auf die Nicht-Kirchgänger zuzugehen, was sie an Gottesdiensten oder anderen Veranstaltungen anbieten. Um in den Dialog zu kommen. Das Angebot an Gottesdiensten ist in den letzten Jahren sehr vielfältig geworden. Gemeinden versuchen, auf eine Situation der Pluralisierung der Gesellschaft zu reagieren, in der es eben nicht mehr den einen Erwartungshorizont an die Kirche gibt, sondern höchst unterschiedliche Bedürfnisse höchst unterschiedlicher Menschen aus höchst unterschiedlichen Milieus.

Von den Pfarrerinnen und Pfarrern wird dann erwartet, dass sie für alle Zielgruppen passgenau die entsprechenden Angebote machen. Kein Wunder, dass immer mehr von ihnen sich angesichts dieses Erwartungsdrucks überfordert fühlen und auch im Pfarrberuf die Fälle von Burnout zunehmen. Man muss sich nur einmal klarmachen, was notwendig wäre, wenn man jede Zielgruppe ansprechen und optimal bedienen wollte: Am Samstagabend braucht es die Wochenschlussandacht, für die, die am Sonntag wegfahren. Sonntagmorgen findet natürlich der traditionelle Gottesdienst statt, bei dem der Altersdurchschnitt vielleicht etwas höher liegt und der auch nicht zu spät beginnen darf, damit rechtzeitig gekocht werden kann für das Mittagessen um 12 oder 13 Uhr. Natürlich muss es einen Krabbelgottesdienst für die ganz Kleinen und einen Kindergottesdienst für die etwas Größeren geben. Am besten parallel zu dem Gottesdienst für die jungen Familien, der erst um 11 Uhr stattfinden kann, denn wenigstens einmal in der Woche – am Sonntagmorgen – wollen sie gemeinsam frühstücken oder brunchen können, ohne dass das mit dem Kirchgang in Konflikt geraten soll. Am Sonntagabend sollte dann für die Jugendlichen noch ein Jugendgottesdienst mit Band stattfinden, denn die Jugendlichen kommen in all den anderen Gottesdienstformaten nicht vor und gerade sie wollen wir ja verstärkt erreichen. Jedenfalls dann, wenn wir nicht am Sonntagabend die „Thomasmesse" feiern wollen, ein Gottesdienstformat, was speziell für die kirchlich Distanzierten und Zweifler entwickelt wurde. Dass es auch Gottesdienste für spezielle Anlässe geben sollte, um nahe bei den Menschen zu sein – etwa den Gottesdienst für Verliebte am Valentinstag –, sei nur am Rande erwähnt.

Man stelle sich vor, ein Pfarrer oder eine Pfarrerin würde all die Erwartungen bedienen, die Menschen mit guten Gründen an ihre Kirche haben. Er oder sie kann nur – so drastisch muss man es sagen – daran zugrunde gehen. In unserer pluralistischen Gesellschaft kann man gar nicht auf alle Bedürfnisse eingehen. Es wäre die totale Überforderung für die hauptamtlichen Mitarbeiterinnen und Mitarbeiter der Kirchengemeinde.

Deswegen muss jede Kirchengemeinde Prioritäten setzen. Und die Glieder der Gemeinde müssen auch bereit sein, sich auf etwas einzulassen, was nicht hundertprozentig ihren Neigungen entspricht.

Wer den riesigen Schatz von Religion, der das Leben neu machen kann, der von Zwängen befreit und eine wunderbare Perspektive auf das Leben schenkt, entdecken will, der darf nicht mit der sonst so normalen Konsumentenhaltung rangehen. Man muss sich darauf einlassen, sich auch von einer Predigt etwas sagen zu lassen, die nicht sofort elektrisiert. Oder sich in eine Liturgie hineinzugeben, bei der vieles zunächst fremd ist. Vielleicht dauert es lange, bis die alten über viele Jahrhunderte überlieferten Texte ihre Kraft entfalten. Aber nur wenn wir uns darauf einlassen, haben wir die Chance, diese Kraft zu erfahren.

Vielleicht darf man all denen, die auf der Suche sind und sich einen regelmäßigen Ort der inneren Orientierung wünschen, sagen: Probiert es mit dem Gottesdienst! Geht einen Monat, noch einen Monat, ein Jahr, noch ein Jahr immer wieder in den Gottesdienst, und seht, was das mit euch macht. Nur wenn ihr etwas investiert, könnt ihr auch die Erfahrung der Kraft machen, die von dieser Form christlicher Glaubenspraxis in Gemeinschaft ausgeht. Und wenn ihr neue Formen des Gottesdienstes sucht, macht mit und bringt euch ein!

Der Gottesdienst ist nicht die einzige Form, von der in der Kirche eine geistliche Kraft ausgeht. Aber er bleibt wichtig als regelmäßiger Ort, an dem gebetet wird, an dem die Bibel öffentlich gelesen und ausgelegt und an dem Segen zugesprochen wird.

Dass wir neue geistliche Ausstrahlungskraft entfalten, ist für mich der Schlüssel für die Erneuerung der Kirche. Strukturdiskussionen, Planungsprozesse und Mitgliederbindungsprogramme haben ihr Recht. Das Entscheidende liegt aber tiefer.

Denn Menschen müssen unsere Leidenschaft spüren, sie müssen sehen, dass wir selbst von der Botschaft begeistert sind, die wir weitergeben wollen. Es muss nicht laute Begeisterung sein – die Menschen sind ja verschieden. Die einen sind temperamentvoller, die anderen sind leiser. Aber durch das, was wir ausstrahlen, selbst wie ein kleiner Psalm zu sein, dazu könnten wir mehr Mut haben. Die Menschen spüren lassen, was uns trägt, etwa der Psalm 139: „Von allen Seiten umgibst du mich und hältst deine Hand über mir. Führe ich gen Himmel, so bist du da; bettete ich mich bei den Toten, siehe, so bist du auch da. Nähme ich Flügel der Morgenröte und bliebe am äußersten Meer, so würde auch dort deine Hand mich führen und deine Rechte mich halten. Spräche ich: Finsternis möge mich decken und Nacht statt Licht um mich sein –, so wäre auch Finsternis nicht finster bei dir, und die Nacht leuchtete wie der Tag. Finsternis ist wie das Licht. Denn du hast meine Nieren bereitet und hast mich gebildet im Mutterleibe. Ich danke dir dafür, dass ich wunderbar gemacht bin; wunderbar sind deine Werke; das erkennt meine Seele.“ (Psalm 139,1–14)

Wenn wir diesen Psalm lesen oder beten, dann spüren wir, dass wir Gesegnete sind, dass wir so aus dem Vertrauen leben dürfen. Und dass selbst da, wo uns dieses Vertrauen wegbricht, der Gekreuzigte an unserer Seite steht und uns hält. Dass sich in solchen Momenten der Himmel für uns öffnet.

Begeisterung kann keiner „machen". Die Kirchenleitung kann sie nicht organisieren oder gar verordnen. Be-Geisterung kommt, wenn wir dem Geist Raum geben. Wenn wir einander anstecken. Wenn wir nicht hinter dem Berg damit halten, welche Lust es ist, ein Christ oder eine Christin zu sein. Wir sollten uns wieder mehr trauen, zum Ausdruck zu bringen, welche Kraft aus der Botschaft kommt, aus der wir selbst leben.

Und wir sollten wieder mehr wagen, die Welt zu beschreiben, die unser Glaube uns eröffnet. Wir Christen wissen, dass es ein Mehr, etwas Größeres als uns selbst gibt. Mit dem Satz „So ist die Welt eben" geben wir uns nicht zufrieden. Die zukünftige Stadt, das „neue Jerusalem", von dem die Bibel erzählt, ist ein Ort, an dem Friede und Gerechtigkeit herrschen. Eine Welt, in der alle Menschen in Würde leben können, in der alle von der Lieblosigkeit oder auch nur Gedankenlosigkeit der Menschen verursachten Tränen abgewischt sind. Kinder schreien nicht mehr ungestillt nach Nahrung. Hass und Gewalt sind überwunden. Eine Welt, in der die Schönheit der Natur, wie sie die Psalmen besingen, von uns Menschen dankbar als ein Lebensraum angenommen wird, der zu bebauen und zu bewahren ist. Das Antlitz dieser Stadt ist Christus selbst. Und dieses Antlitz

Christi leuchtet schon jetzt durch die Dunkelheit der Welt hindurch. Ein Sehnsuchtsort, von dem es im Hebräerbrief heißt: „Wir haben hier keine bleibende Stadt, sondern die zukünftige suchen wir.“ (Hebräer 13,14)

Keiner kann diesen Ort des Friedens auslöschen. Christus, das Licht, macht uns dort selbst zu Lichtgestalten. Wir dürfen uns auf den Weg begeben und dabei tief im Herzen wissen: Gott strahlt mich an und deswegen darf ich aufrecht und voller Zuversicht meinen Weg gehen. Von dem Wort aus dem Hebräerbrief dürfen wir uns daran erinnern lassen, wohin wir gehen.

„LOBE DEN HERREN“

Wie das aussieht, wenn jemand verstanden hat, worauf es ankommt, lesen wir im Lobgesang des Zacharias. Es ist ein Zeugnis der Befreiung und eine bemerkenswerte Geschichte, die da von Zacharias erzählt wird. Der Erzengel Gabriel erscheint ihm und kündigt an, dass seine unfruchtbare Frau Elisabeth in hohem Alter noch ein Kind bekommen würde. Und dass dieses Kind ein Prophet sein würde. Es soll viele Menschen zur Umkehr bringen und auf die Ankunft des von den frommen Juden seit Generationen sehnsüchtig erwarteten Heilands vorbereiten. Zacharias kann es nicht glauben und fragt: „Woran soll ich das erkennen? Ich bin alt und meine Frau ist betagt.“ Und der Engel sagt: „Siehe du wirst stumm werden bis zu dem Tag, an dem das geschieht, weil du meinen Worten nicht geglaubt hast.“ (Lukas 1,20)

Und so kommt es. Zacharias wird stumm, bis sein Kind, Johannes der Täufer, geboren wird. Dann aber ertönt aus seinem Mund ein Lobgesang: Da singt einer, der endlich wieder eine Perspektive für die *Welt* sieht. Da jubelt einer, der versteht, dass er selbst Teil einer Befreiungsgeschichte geworden ist: „Gelobt sei der Herr, der Gott Israels!"

Wir kennen es alle, dass wir manchmal tatsächlich stumm sind, weil wir nicht glauben können. Dass wir loben und danken wollen, dass wir uns freuen wollen, aber das Wort bleibt uns im Halse stecken. Das Herz verschließt sich. Die Worte der Sehnsucht, die Worte der Hoffnung, die Worte der Befreiung, die tief in uns verborgen liegen, kommen uns einfach nicht über die Lippen.

Es gibt viele Gründe, die uns stumm machen: Vielleicht ist es die Skepsis, die uns hindert, diese alten Geschichten zu glauben. Muss ich dafür nicht meinen Verstand an der Garderobe abgeben? Kann ich als aufgeklärter moderner Mensch überhaupt von Gott sprechen? Oder ist es Bitterkeit, die uns stumm macht? Sie kommt oftmals aus der Erfahrung tiefen persönlichen Leids. Wo war Gott denn, als der Mensch starb, der mir das Liebste in meinem Leben war? Und wo ist er, wenn Menschen sinnlos leiden?

Manchmal ist es auch eine Orientierungslosigkeit, die uns stumm macht. Es gibt so viele Lehren und Weltanschauungen, die um uns werben. Und alle beanspruchen, den Stein des Weisen gefunden zu haben. Warum sollen wir ausgerechnet die merkwürdige Botschaft für wahr halten, dass Gott seinen Sohn als Mensch auf die Erde geschickt hat, um uns zu retten? Und dass Jesus tatsächlich für uns sein Leben geopfert hat?

So wie Zacharias den Engel nach einem Zeichen fragt, dass das alles wahr ist, hätten auch wir zu gern Beweise. Uns geht es so wie Zacharias. Auf unserem Weg machen wir sicherlich viele Fehler. Aber Gott wartet am Ende der Tage auf uns. Und mehr noch: Er kommt uns entgegen. Durch Jesus, seinen Sohn. In seiner großen Barmherzigkeit vergibt uns Gott und ermöglicht einen Neuanfang – jederzeit. All das, was uns manchmal schwer auf den Schultern und auf der Seele liegt, der Unfriede mit uns selbst, die gestörten Beziehungen zu anderen Menschen, die Niedergeschlagenheit, aus der wir selbst einfach nicht herausfinden, die Resignation angesichts einer Welt, die vor Waffen starrt, all das findet eine ausgestreckte Hand, in die wir es legen können. So dass wir unsere Füße von der Last befreit auf den Weg des Friedens richten können. Eine wunderbare Aussicht.

Wir Christen sprechen den Lobgesang des Zacharias mit der Zuversicht eines Menschen, der weiß: Ich bin Gottes gutes Geschöpf. Ich darf in der Freiheit der Kinder Gottes leben. Ich bin gehalten in Gottes Hand in den guten Tagen und in den schweren Tagen. Ich komme von Gott und ich gehe zu Gott und ich nehme das Leben, das mir geschenkt ist, dankbar aus Gottes Hand. Ja, ich darf als glücklicher Mensch leben!

GEMEINSAM AUF DEM WEG

Allein hat man es schwer, durchzuhalten und die Hoffnung auf eine bessere Welt nicht aufzugeben. Deshalb haben sich schon die ersten Christen in Gemeinden zusammengeschlossen. Gemeinschaften Gleichgesinnter, auf der Suche nach einer lebendigen Beziehung zu Gott.

Wir fragen uns heute manchmal, wie denn die christliche Botschaft noch weitergetragen werden soll, wenn die Jungen manchmal kaum noch wissen, wer Abraham ist und was an Pfingsten eigentlich gefeiert wird. Sie wird nicht versiegen. Und die Kirche wird nicht verschwinden. Denn Christus ist der Eckstein, auf den sie gegründet ist. Aus der Sorge müssen wir deswegen nicht leben. Vielleicht ist das Vertrauen darauf, dass Christus seine Kirche auch in der Zukunft nähren und leiten wird, die beste Voraussetzung dafür, dass sie neue Ausstrahlung für die Menschen gewinnt. Unsere Kirche hat nicht deshalb Zukunft, weil wir seit 2000 Jahren so viel richtig machen, sondern weil sie eine so starke Botschaft hat.

Es gibt nun allerdings auch sehr gute Gründe, sich neu auf die Kirche einzulassen – Gründe, die sich auch benennen lassen. Wenn einer fragt: Du machst bei der Kirche mit? Warum das denn? Dann antworte ich: Ich engagiere mich in der Kirche, weil sie mir in allen Zeiten des Lebens Halt gibt. In den guten Zeiten kann ich Gott loben und ihm danken. Ich kann mit den Worten eines mehr als 2000 Jahre alten Psalms rufen: „Lobe den Herrn, meine Seele, und vergiss nicht, was er dir Gutes getan hat!" Und in den schweren Zeiten kann ich all das, was mich drückt, in Gottes Hand legen, wieder Boden unter den Füßen gewinnen und erst zaghaft und dann vielleicht immer fester sagen: „Der Herr ist mein Hirte, mir wird nichts mangeln. Und ob ich schon wanderte im finsteren Tal, so fürchte ich kein Unglück, denn du bist bei mir. Dein Stecken und Stab trösten mich." Es ist gut, solche Bibelstellen auswendig zu können, damit sie in dunklen Zeiten zu uns sprechen.

Ich mache bei der Kirche mit, weil sie mich im Leben und im Sterben begleitet. Weil ich nicht nur dann Freunde und Begleitung habe, wenn ich gut drauf bin, sondern auch in den Grenzsituationen des Lebens.

Ich mache bei der Kirche mit, weil sie aus der Liebe lebt. Natürlich erlebe ich auch dort zuweilen Streit. Und manchmal gehen die Menschen auch in der Kirche nicht besonders liebevoll miteinander um. Aber sie lassen sich immer wieder neu ausrichten an der Botschaft der Liebe. Sie geben sich jedenfalls nicht zufrieden mit den kleinkarierten Streitereien, zu denen wir Menschen so oft neigen.

Ich mache bei der Kirche mit, weil ich lernen will, aus der Vergebung zu leben. So oft urteile ich über andere. In der Kirche lerne ich, mit nüchterner Ehrlichkeit auf mich selbst zu schauen, meine Fehler nicht wegzudrücken, sondern sie offen zu bekennen. Weil ich sicher sein kann, dass ich sie einem Gott gegenüber bekennen darf, der mich nicht klein machen will, sondern mich immer wieder in einen neuen Anfang führen will, weil er aus lauter Liebe, aus brennender Liebe, nicht von mir lassen will.

Ich mache mit bei der Kirche, weil sie sich für andere einsetzt. Weil sie in jedem Gottesdienst für andere sammelt, manchmal für Menschen, die weit weg leben. Weil sie Menschen dazu bringt sich zu engagieren – für Flüchtlinge, für die Überwindung von Armut, für die Bewahrung der Schöpfung, für die Stärkung der Familien.

Diese guten Gründe kann ich nennen, wenn mich jemand fragt, warum ich bei der Kirche mitmache. Und vielleicht erzähle ich dann noch, was die Botschaft, die die Kirche durch die Jahrhunderte hindurch bis heute weitergetragen hat, für mein Leben bedeutet. Wie sie mir immer wieder im Alltag Himmelreich-Erfahrungen beschert.

Die Bibel kann ein Türöffner für solche Himmelreicherfahrungen im Alltag sein. Wenn wir – um es einmal sehr konkret zu sagen – morgens nach dem Aufstehen mit noch etwas zerknittertem Gesicht vor dem Spiegel stehen, können wir laut oder auch still Psalm 139,14 mitsprechen: „Ich danke dir dafür, dass ich wunderbar gemacht bin; wunderbar sind deine Werke; das erkennt meine Seele." Wer mit diesem Satz in den Tag startet, der geht anders ins Leben. Der lernt, aus der Dankbarkeit zu leben. Der lernt zu geben. Und der lernt sich beschenken zu lassen. Von anderen Menschen und von Gott.

Kapitel 7

GEMEINSAM KIRCHE SEIN

IM FRÜHJAHR 2015 haben Reinhard Kardinal Marx und ich zusammen einen ökumenischen Gottesdienst in München gehalten. Es ging um den Startschuss für eine gemeinsame Pflege-Kampagne von evangelischer und katholischer Kirche und deren Sozialverbänden Caritas und Diakonie. Kardinal Marx, Erzbischof von München und Freising sowie Vorsitzender der Deutschen Bischofskonferenz, und ich haben nach meiner Wahl zum Ratsvorsitzenden der EKD schnell Wege gesucht und gefunden, um die ökumenische Gemeinsamkeit zwischen Katholiken und Protestanten in Deutschland zu stärken. Unsere Büros in München liegen nur wenige Minuten voneinander entfernt, so dass sich nicht zu Unrecht schnell die Formel von der „Ökumene der kurzen Wege" verbreitet hat. Vieles lässt sich auf dem kurzen Dienstweg klären. Ich bin sehr dankbar für die menschliche Vertrautheit, die sich zwischen uns persönlich entwickelt hat, aber – und das ist noch viel wichtiger – auch für die vielen inhaltlichen Gemeinsamkeiten, die sich zwischen unseren Kirchen zeigen.

Die Pflegeaktion auf bayerischer Ebene ist nur ein Beispiel dafür. Nach dem Gottesdienst gaben wir eine gemeinsame Pressekonferenz in dem Pflegetruck, der anschließend durch viele bayerische Städte fahren sollte, um für gute Pflege zu werben und für Arbeitsbedingungen, die den Beruf der Pflegekraft attraktiv genug machen, um den Nachwuchs zu sichern. Als Kirchen setzen wir uns ein für Verbesserungen in einem Arbeitsbereich, der für viele besonders verletzliche Menschen entscheidende Bedeutung in ihrem Leben hat. Nach der Pressekonferenz kletterten wir, den Wünschen der Fotografen folgend, ins Führerhaus des Lasters. Nachdem genug fotografiert worden war, schlossen wir die Seitentüren und blieben im Führerhaus sitzen, um noch ein paar Angelegenheiten abzustimmen, statt umständlich an einen ruhigeren Ort weiterzuziehen. Wir saßen da bestimmt eine halbe Stunde – der wahrscheinlich ungewöhnlichste Ort, an dem ich je eine Dienstbesprechung abgehalten habe. Für mich Ausdruck eines unverkrampften Miteinanders unserer unterschiedlichen Konfessionen, über das ich sehr glücklich bin.

Auch mit der anderen großen christlichen Schwesterkonfession, der Orthodoxie, verbinden mich viele beglückende Beziehungen. Dass mir von der rumänisch-orthodoxen und der griechisch-orthodoxen Kirche jeweils ein Preis verliehen wurde, war – jenseits meiner Person – Ausdruck lange gewachsener freundschaftlicher Beziehungen unserer Kirchen.

Vor allem aber der Gottesdienst hat sich als eine starke Erfahrung der Einheit erwiesen. Die Kraft zu spüren, die in der liturgischen Tradition der Orthodoxie liegt, war für mich immer wieder der deutlichste Ausdruck dieser Erfahrung. Besonders ist mir eine Andacht in der Gedenkstätte des ehemaligen

Konzentrationslagers Dachau in Erinnerung, die wir zusammen mit dem Ökumenischen Patriarchen von Konstantinopel, Bartholomaios I., im Mai 2014 hielten. Ich denke auch an den Gedenkgottesdienst zum Genozid an den Armeniern vor einhundert Jahren, den wir als Christen der unterschiedlichen Konfessionen im Berliner Dom feierten und in dem der liturgische Chor der armenisch-orthodoxen Kirche mich sehr berührt hat.

Ich selbst habe schon in jungen Jahren ein höchst intensives Miteinander mit der römisch-katholischen Schwesterkirche erlebt. Meine Frau und ich lebten seinerzeit in Heidelberg, ich studierte noch. In Neckargemünd gab es das damals noch recht junge ökumenische Gemeindezentrum *Arche*. Wir sind jeden Sonntag bei Wind und Wetter die gut zehn Kilometer dorthin geradelt, denn die Gemeinschaft dort hat uns sehr viel bedeutet. Meine Frau war im evangelischen Kirchenvorstand. Regelmäßig tagte auch ein „ökumenischer Gemeinderat". Die Stimmung war vertrauensvoll und herzlich – auf die gemeinsame Christuserfahrung gegründet. Es gab einen evangelischen und einen katholischen Gottesdienstraum. Einmal im Monat haben wir die Holztrennwand aufgeklappt und so einen ökumenischen Kirchenraum geschaffen. Dann feierten wir einen ökumenischen Abendmahlsgottesdienst – bis diese Grenzüberschreitung irgendwann nicht mehr möglich war. Ich erinnere mich noch sehr gut daran, wie wir mit Tränen in den Augen unser letztes gemeinsames Abendmahl gefeiert haben. Diese Zeit ist mir immer im Herzen geblieben. Ist die Hoffnung zu vermessen, dass ich noch zu meinen Lebzeiten die Erfahrung machen darf, ganz offiziell mit den christlichen Schwestern und Brüdern der anderen Konfessionen das Mahl des Herrn feiern zu können? Das ist ein Traum, den ich nicht aufgeben werde.

Schon jetzt treten für mich, wenn ich heute einen ökumenischen Gottesdienst feiere, die theologischen Differenzen in den Hintergrund, sowenig sie ignoriert werden dürfen. In diesem Moment geht es vor allem darum, gemeinsam um Christus herum versammelt zu sein, ihn in unserer Mitte zu spüren und uns von ihm Kraft geben zu lassen. Dann spüre ich das Wahrwerden dessen, was in Epheser 4,1–6 so ausgedrückt wird: „So ermahne ich euch nun, ich, der Gefangene in dem Herrn, dass ihr der Berufung würdig lebt, mit der ihr berufen seid, in aller Demut und Sanftmut, in Geduld. Ertragt einer den andern in Liebe und seid darauf bedacht, zu wahren die Einigkeit im Geist durch das Band des Friedens: ein Herr, ein Glaube, eine Taufe; ein Gott und Vater aller, der da ist über allen und durch alle und in allen."

GOTT SITZT NICHT AM SCHALTPULT

Es ist eine ungeheure Kraft, die in diesem Satz steckt. Paulus spricht von dem einen Gott, der der Urgrund des Lebens ist. Ein bergender Raum für die Welt, ein Vater aller. Einer, der jeden von uns in der Hand hält und trägt. Er spricht von einem Gott, der nicht irgendwo hoch oben thront und die Welt in seiner Allmacht regiert und lenkt. Einem, der das eine Mal auf den Fruchtbarkeitsknopf drückt und es dann eine gute Ernte gibt und ein anderes Mal auf den Dürreknopf – und es folgt eine karge Zeit. Oder gar auf den Erdbebenknopf oder den Tsunamiknopf und die Menschen auf diese Weise mit Katastrophen schlägt! Ein Gott also, der die Welt von außen betrachtet und sie nach seinem Ratschluss regiert, am Ende müsste man sogar sagen – selbst-herrlich regiert!

Genau von einem solchen Gott spricht Paulus in seinem Brief an die Epheser nicht!

Warum vertrauen wir auf Gott? Warum halten wir uns an diesen Gott, obwohl wir doch wissen, dass das keine Versicherung gegen die Wechselfälle des Lebens ist? Denn natürlich sind wir uns bewusst, dass der Job, den wir dringend brauchen, oder der Partner, den wir ersehnen, sich nicht einfach herbeten lässt. Warum vertrauen wir trotzdem auf Gott?

Für mich liegt die Antwort genau in diesem Satz: *Gott ist ein Vater aller, der da ist über allen und durch alle und in allen.* Wir glauben nicht an irgendein jenseitiges Wesen, das von außen die Welt lenkt und uns damit am Ende einfach nur fremd bleibt. Wir glauben an den Gott, der sich in Jesus Christus gezeigt hat, und das heißt doch vor allem: der uns in einer Radikalität nahe gekommen ist, die uns nur zum Staunen bringen kann. Der uns in Jesus mit seiner Reich-Gottes-Verkündigung die Herzen geöffnet hat, der uns in ihm mit seinen Gleichnissen die Sinne geweitet hat, der uns mit seinen Zusagen die Seele getröstet hat, der in Jesus die Erfahrung abgrundtiefen Leidens mit uns geteilt hat. Das ist der Vater aller. Das ist der Gott, an den wir glauben dürfen! Denn was kann es Schöneres geben, als sein ganzes Leben aufgehoben zu wissen in einer Kraft, die uns derart zugewandt ist, die versteht, wer wir sind, was wir erleiden und was wir erhoffen. Gott ist es, von dem eine Liebe ausgeht, die froh macht, die stark macht. Eine Liebe, die uns heil werden lässt.

Alles, was sich daraus für unser Leben ergibt, alles, was wir für unsere Kirche und ihre Einheit erhoffen, kommt von daher. Genau das macht uns neu und das bringt auch die katholischen und evangelischen Christen immer wieder zusammen.

Wir haben einen Herrn. Wir haben einen Glauben. Wir haben eine Taufe. Das verbindet uns heute und auch in Zukunft – als Christen: Menschen, die an Jesus Christus glauben. Das lässt uns zusammenkommen, um gemeinsam Gottesdienst zu feiern. Und das lässt uns weitergehen mit diesem tiefen und durch nichts zu ersetzenden Gefühl, dass es in unserem Leben eine Hand gibt, die uns führt auf unserem Weg, die uns Orientierung gibt an den Weggabelungen und die uns auffängt, wenn wir fallen. Eine Kraft, die uns nährt und die nie versiegt. Das zu wissen, das macht wirklich frei. Das war die Kern-Botschaft der Reformation.

DIE EINHEIT VOR AUGEN

Wenn wir im Jahr 2017 das 500-jährige Jubiläum des Thesenanschlags von Martin Luther an der Schlosskirche zu Wittenberg begehen, wollen wir auch den Schmerz über das Leid nicht verschweigen, das die Konfessionen einander im Gefolge der Reformation angetan haben. Im 16. Jahrhundert führte Luthers

Neuauslegung des Glaubens zur Trennung zwischen evangelischer und römisch-katholischer Konfession. Die Protestanten sahen im Papst den Antichrist; der Papst und das Konzil exkommunizierten die Protestanten. Hinzu kam, dass der Glaubensstreit schnell zum Spielball der Machtinteressen weltlicher Autoritäten wurde. Nicht immer war die Frage, ob sich ein Herrscher der Reformation verschrieb oder Rom-treu blieb, wirklich eine Frage der Glaubensüberzeugung. Machttaktische Überlegungen schoben sich immer wieder in den Vordergrund. Im 17. Jahrhundert, von 1618 bis 1648, bekämpften sich 30 Jahre lang katholische und protestantische Heere und machten aus ganz Deutschland ein Trümmerfeld. Dass dieser Dreißigjährige Krieg auf irgendeiner der beiden Seiten Ausdruck wahrer Glaubensstärke gewesen sein soll, das kann nun wirklich niemand behaupten.

Wenn wir heute nie wieder solche Pervertierungen des Streites um den rechten Glauben erleben wollen, dann hilft nur eines: auf Christus hören, auf Gottes Wort hören, auf die biblischen Texte hören! Dort finden wir Orientierung. Schon beim Propheten Micha kann man dafür wichtige Impulse bekommen. Vor über zweieinhalb Jahrtausenden hat er sich die gleiche Frage gestellt, die später auch Martin Luther hatte. Eine Frage, die wir uns heute auch stellen: Was heißt es, zu glauben? Wofür sollen wir unsere Kraft aufwenden? Lässt sich meine Glaubensintensität daran festmachen, wie sehr ich mich anstrenge, wie viele gute Werke ich vollbringe – oder sogar wie viel Geld ich aus meiner Glaubensüberzeugung heraus für etwas spende?

„Womit soll ich mich dem HERRN nahen, mich beugen vor dem hohen Gott?“, fragt Micha – und denkt dabei vor allem erst einmal an Opfergaben.

Die Antwort auf alle diese Fragen ist bestechend klar: „Es ist dir gesagt, Mensch, was gut ist und was der HERR von dir fordert, nämlich Gottes Wort halten und Liebe üben und demütig sein vor deinem Gott.“ (Micha 6,8)

Der Herr fordert nicht, den jeweils anderen zu verdammen, er fordert nicht, andere herabzusetzen, um die eigene Wahrheit umso heller leuchten zu lassen. Schon gar nicht fordert er, in Gottes Namen Kriege zu führen. Sondern das Prophetenwort sagt: Lebe ganz aus der Gottesbeziehung, sei demütig vor deinem Gott und dann halte einfach Gottes Wort, übe Liebe und strahle das aus, wovon du sprichst.

„Es ist dir gesagt, Mensch …“ Dieser Satz gilt in unserem persönlichen Leben, er gilt in den Gemeinschaften, in denen wir leben, unseren Familien, Beziehungen, Kollegium. Er gilt aber auch in der Beziehung zu unseren Schwestern und Brüdern anderswo auf der Welt.

Die Vollversammlung des Ökumenischen Rates der Kirchen findet nur alle sieben oder acht Jahre statt. Eine solche Vollversammlung ist ein besonderes Erlebnis. Dass wir eine Weltkirche sind, wird sinnlich erfahrbar an der Buntheit der Gewänder, an den verschiedenen Hautfarben und der zahlreichen Sprachen. Beim Gottesdienst wird der Reichtum der liturgischen Traditionen greifbar. Angesichts der Unterschiedlichkeit der kulturellen Hintergründe wird allerdings auch kräftig um die Themen gerungen und manchmal auch gestritten. Beim Thema Homosexualität etwa wird die wechselseitige Verständigungsbereitschaft regelmäßig auf eine harte Probe gestellt. Auch in Busan war das zu spüren.

Als Vertreter von 500 Millionen Christen in aller Welt wollten wir aber zuallererst deutlich machen: Wir sind die eine Kirche Jesu Christi, egal aus welchem Land wir kommen, von welchem kulturellen Kontext wir geprägt sind oder welche Sprache wir sprechen. Mit guten Gründen war das Motto der Versammlung ein Gebet: „Gott des Lebens, weise uns den Weg zu Gerechtigkeit und Frieden."

Wir wollen als Kirchen unsere Stimme dafür erheben, dass sich Liebe ausbreitet in einer Welt, in der so oft der Hass den Ton angibt. Wir wollen in einer Welt, in der der Besitz so extrem ungleich verteilt ist, dafür werben, dass alle genug haben zum Leben. Wir wollen in einer Zeit, in der wir durch weltweites Wirtschaftswachstum die Erde immer mehr ausplündern, über einen Lebensstil nachdenken, der auch zukünftigen Generationen ihre Lebensmöglichkeiten lässt. Wir wollen schreien für die Menschen in Syrien und anderswo, die schrecklicher Gewalt ausgesetzt sind, und dafür beten und uns dafür einsetzen, dass die Gewalt endlich überwunden wird. Und wir wollen die Erfahrung, die wir in ökumenischen Zusammenkünften spüren, auch als weltweite Gemeinschaft machen: dass wir Christus in unserer Mitte wissen, dass wir uns von ihm immer wieder neu in den Glauben, in die Liebe und in die Hoffnung rufen lassen und dass wir – ganz unabhängig von unseren konfessionellen Traditionen – alle miteinander in der Freiheit eines Christenmenschen leben dürfen.

Einladungen zu ökumenischen Versammlungen wie der in Busan nehme ich gerne an, weil ich bei vielen solchen Begegnungen die Erfahrung gemacht habe, dass sich hier ein Motto oder Leitwort tatsächlich mit Leben füllt. Beim Katholikentag im Jahr 2014 war es das Motto „Mit Christus Brücken bauen".

Bei meiner Predigt beim ökumenischen Gottesdienst im Regensburger Dom habe ich dort über eine Stelle aus dem 1. Brief von Paulus an Timotheus (Kapitel 2,5–6) gesprochen: „Denn es ist *ein* Gott und *ein* Mittler zwischen Gott und den Menschen, nämlich der Mensch Christus Jesus, der sich selbst gegeben hat für alle zur Erlösung, dass dies zu seiner Zeit gepredigt werde."

Wenn wir, obwohl wir aus verschiedenen Kirchen kommen, bei solchen Gelegenheiten innehalten und einfach hinhören, wenn wir unser Herz öffnen für Christus und ihm Raum geben, dann lassen wir ihn tatsächlich zur Brücke werden. Und genau dann beginnen wir die Einheit auszustrahlen, von der wir so oft sprechen.

Ich erlebe es als großen Schatz, dass wir auf unseren Kirchentagen nicht unter uns bleiben, dass wir diese Glaubensfeste zusammen begehen, dass wir in den vielen Begegnungen und ganz besonders intensiv bei den gemeinsamen Gottesdiensten spüren, wie Grenzen fallen. Dass wir etwas von dem Reichtum erfahren, der in den unterschiedlichen konfessionellen Traditionen steckt – und auf diese Weise stabile ökumenische Brücken entstehen.

Dabei ist es wichtig, diese Brücken nicht aus purer Harmoniesucht zu bauen. Denn solche Brücken werden nicht halten.

Und lauwarme Kompromisse können sogar eher schädlich sein, wenn sie die Wahrheit über Differenzen zudecken, anstatt sich ihnen zu stellen und sie zu erschließen. Auch strategische Klugheit ist nur vordergründig eine tragfähige Motivation fürs Brückenbauen. Dass die Kirchen sich zusammenschließen sollen, um in einer zunehmend säkularer werdenden Gesellschaft noch gehört zu werden, kann ein Hilfsargument fürs Brückenbauen sein. Als Fundament jedoch taugt es nicht. Bestandserhaltung kann nie die leitende Motivation für die Arbeit der Kirche sein. So wird man niemanden für seine Sache gewinnen können. Brückenbauen kann immer nur in der Wahrheit geschehen. Und die Wahrheit hat für uns Christinnen und Christen einen Namen: Jesus Christus ist der Weg, die Wahrheit und das Leben.

ÖKUMENE DER HERZEN

Wie kann man den Charakter der Ökumene am besten beschreiben? Wolfgang Huber hat von der „Ökumene der Profile" gesprochen. Dieses Wort stand nach dem gemeinsamen ökumenischen Aufbruch in den letzten Jahrzehnten für die Konsolidierung und Überprüfung des Erreichten. Viele theologische Gemeinsamkeiten wurden gefunden und frühere gegenseitige Verurteilungen aufgehoben. Die Frage stellte sich, wie sich die eigenen Überzeugungen und Grundsätze der Kirchen im Laufe des ökumenischen Prozesses geklärt haben. Dazu gehörte auch die Erkenntnis, dass es in manchen Themenfeldern deutliche Unterschiede und gegensätzliche Auffassungen gibt. Wie in jeder intensiven Begegnung gehört diese doppelte Wahrnehmung der erreichten Nähe und der bleibenden Unterschiedlichkeit zusammen; die Wahrhaftigkeit gebietet, beide Seiten in den Blick zu nehmen. Aber es ist auch richtig, dass die Wahrnehmung des Profils der konfessionellen Traditionen die beste Voraussetzung dafür ist, ihren Reichtum wahrzunehmen. So habe ich Wolfgang Hubers Wort von der Ökumene der Profile immer verstanden.

Mein Vorgänger als EKD-Ratsvorsitzender, Nikolaus Schneider, hat dann, ganz in diesem Sinne, von der „Ökumene der Gaben“ gesprochen. Er hat dazu geraten, die jeweiligen theologischen Profile als Ergänzung und Bereicherung aufzufassen und nicht die Konkurrenz der Konfessionen in den Vordergrund zu stellen, sondern die spirituellen Ressourcen, die wir einander schenken.

Der theologische Diskurs über die konfessionellen Profile in der Ökumene und die Wahrnehmung und Würdigung des wechselseitigen Reichtums der Konfessionen gehören also zusammen. Nur dann kommen daraus wirklich Impulse für die Einheit der Kirchen, wenn zusammen mit dem Erkennen der Profile und der wechselseitigen Gaben auch die Sehnsucht nach Einheit in den Herzen der Menschen einzieht.

Wenn viele Einzelne auf die Einheit der Kirche hoffen und sie diese Einheit, jenseits der noch bestehenden Differenzen in den Glaubenslehren, schon leben, dann gewinnt die Ökumene an Kraft! Dann wird sie zu einer „Ökumene der Herzen“. Was damit gemeint ist, darf nicht missverstanden werden als schwärmerische Ignoranz gegenüber den faktischen theologischen Streitfragen. Deswegen darf der Begriff auch nicht gegen den der „Ökumene der Profile" und den der „Ökumene der Gaben" ausgespielt werden. Aber wenn klar ist, dass die „Ökumene der Herzen" sich strikt an dem Inhalt orientiert, aus dem sie lebt, dann kann die in der Seele gefühlte Erfahrung der Gegenwart Christi in den ökumenischen Gottesdiensten, die wir feiern, tatsächlich zu einer Quelle der Einheit der Kirche werden. Das Gleiche gilt auch im ökumenisch geschwisterlichen Engagement so vieler Menschen vor Ort für Flüchtlinge oder andere Menschen, die unsere Unterstützung brauchen.

AUSZUG AUS DER PREDIGT BEIM KATHOLIKENTAG AM 30.5.2014 IN REGENSBURG

Gott, unser Heiland, sagt der 1. Timotheusbrief, „will, dass allen Menschen geholfen werde und sie zur Erkenntnis der Wahrheit kommen. Denn es ist ein Gott und ein Mittler zwischen Gott und den Menschen, nämlich der Mensch Christus Jesus, der sich selbst gegeben hat für alle zur Erlösung."

Wie könnten wir die Worte des 1. Timotheusbriefes überhaupt nur laut lesen, ohne Schmerz oder doch zumindest Unbehagen darüber zu spüren, dass wir einen Herrn haben, aber ihn in getrennten Kirchen und an getrennten Altären und an getrennten Abendmahlstischen anbeten? Die Sehnsucht nach der Einheit ist jedem ins Herz gepflanzt, der Christus als seinen Herrn sieht, der Christus als den Herrn der Kirche versteht. „Ich ermahne euch aber, liebe Brüder, im Namen unseres Herrn Jesus Christus", schreibt Paulus der gespaltenen korinthischen Gemeinde, „dass ihr alle mit einer Stimme redet und lasst keine Spaltungen unter euch sein, sondern haltet aneinander fest in ‚einem' Sinn und in ‚einer' Meinung." Und dann fragt er: „Ist denn Christus zerteilt?"

Wir wissen alle die Antwort: Christus ist nicht zerteilt. Und weil wir die Antwort alle miteinander wissen, wissen wir auch ganz genau, dass wir uns neu rufen lassen müssen von Christus, dass wir uns zur Einheit rufen lassen müssen, rufen lassen dürfen, dass wir zueinandergeführt werden, wo wir Christus wirklich in unser Herz einlassen.

Der Gottesdienst, den wir hier miteinander feiern, ist eine solche Erfahrung. Wir erfahren die Ökumene der Herzen. Wir springen über unseren Schatten, wenn uns der andere fremd ist, und gehen auf ihn zu. Wir sehen den anderen an und entdecken das Antlitz Christi in ihm. Wir spüren diese wunderbare Freiheit im Herzen, die nur Christenmenschen spüren können, zu wissen, dass Christus sich selbst gegeben hat für alle zur Erlösung. Aus reiner Liebe. Weil wir Menschen ihm so wichtig sind. Und wir werden frei von Angst und frei zur Liebe und voller Hoffnung für diese Welt.

Christus ist nicht zerteilt. Er ist der Eine und er ist unser Herr. Dogmen, kirchliche Traditionen, theologische Einsichten sind wichtig, weil sie uns helfen, unseren Glauben zu verstehen. Aber sie dürfen nie den Blick auf Jesus Christus verstellen. Er fasziniert uns ja gerade deshalb so, weil er nie das Dogma über den Menschen, sondern den Menschen über das Dogma gestellt hat, wie es zum Beispiel in Markus 2,27 formuliert ist: „Der Sabbat ist für den Menschen da, nicht der Mensch für den Sabbat."

Diese Einsicht ersetzt nicht den Streit um die Wahrheit, aber sie rückt den Streit um die Wahrheit ins richtige Licht. In die Perspektive dessen, für den Wahrheit und Menschennähe immer Hand in Hand gegangen sind.

Deshalb komme ich noch mal auf die Stelle im Epheser-Brief zurück: „So ermahne ich euch nun …, dass ihr der Berufung würdig lebt, mit der ihr berufen seid, in aller Demut und Sanftmut, in Geduld. Ertragt einer den andern in Liebe und seid darauf bedacht, zu wahren die Einigkeit im Geist durch das Band des Friedens: ein Leib und ein Geist, wie ihr auch berufen seid zu einer Hoffnung eurer Berufung; ein Herr, ein Glaube, eine

Taufe; ein Gott und Vater aller, der da ist über allen und durch alle und in allen."

Ob der Verfasser des Epheserbriefes wohl mit uns heute zufrieden wäre? Ob er uns in dem wiederfände, was er da als die Berufung der christlichen Gemeinde beschreibt?

Die Bibelwissenschaftler sind sich nicht ganz einig, ob es Paulus selbst ist, der den Epheserbrief geschrieben hat, oder ob es jemand ist, der Paulus und seinem Denken nahe stand und sich sozusagen in seine Haut begibt. Auf jeden Fall aber spricht jemand diese Worte, der wie Paulus ganz für seinen Glauben einsteht und dafür sogar ins Gefängnis gegangen ist. Einer, von dem man sich derartige „Ermahnungen" durchaus gefallen lassen kann.

Denn hier spricht jemand aus den Tiefen seiner Seele heraus. Und deswegen sind seine Ermahnungen missverstanden, wenn man sie als moralische Belehrung, als moralischen Zeigefinger versteht. Wenn diese Worte einfach nur moralisch gemeint wären, dann müssten wir uns schlecht fühlen. Denn natürlich sind wir nicht immer so, wie es da beschrieben wird – demütig, d. h. Sanftmut ausstrahlend und geduldig, so dass wir einander in Liebe ertragen. Aber der Autor des Epheserbriefes will auch gar nicht sagen: „Jetzt werdet endlich gute Menschen! Jetzt befolgt endlich die moralischen Regeln, die einen guten Menschen ausmachen." Er spricht von etwas viel Tieferem, etwas Grundlegendem, etwas, das unsere gesamte Existenz berührt. Ich ermahne euch, sagt er, dass ihr eure Berufung würdig lebt.

Wenn wir von Berufung sprechen, dann sagen wir damit: Da ist etwas, das mich im Innersten trifft. Ein Ruf, von dem ich existentiell spüre, dass ich ihm folgen muss. Nicht weil ich Vorteile davon habe, nicht weil ich irgendetwas damit erreichen will, sondern einfach, weil ich dies in aller Klarheit spüre.

Viele Ärzte kennen das, mancher Lehrer, mancher Schriftsteller. Sie sind mit ganzem Herzen dabei, und eben nicht nur des Geldes oder der Karriere wegen. Deswegen hat es nichts mit Moralismus zu tun, wenn der Verfasser des Epheserbriefes sagt: „Lebt der Berufung würdig, mit der ihr berufen seid!"

Im 1. Petrusbrief heißt es über uns Christen: „Nehmt euch selbst ernst in dem, was ihr seid! Ihr seid das auserwählte Geschlecht, die königliche Priesterschaft, das heilige Volk, das Volk des Eigentums, dass ihr verkündigen sollt die Wohltaten dessen, der euch berufen hat von der Finsternis zu seinem wunderbaren Licht." Damit sind wir Christen gemeint.

Alle Aktionen und Initiativen, die Grenzen zwischen den Konfessionen überwinden wollen, nehmen diese Berufung ernst – etwa die Gebetswoche zur Einheit der Christen. Hier erleben wir Verbundenheit. Dass wir um uns lauter Menschen haben, die auch hören wollen – und sich etwas sagen lassen wollen. Menschen, die wie wir diese Ruhe in der Seele erfahren wollen, die kommt, wenn wir beten. Dann, wenn wir damit aufhören, die Kontrolle behalten zu wollen, und wagen, unsere Sicherheiten hinter uns zu lassen. Wenn wir aufhören zu urteilen und bereit werden zu empfangen. Unser Herz und unsere Sinne öffnen für das, was Gott mit uns vorhat – uns von

Gottes Geist verändern zu lassen. Dann sehen wir, was das mit uns macht, und spüren, wie uns das zusammenführt.

Es tut gut, sich klarzumachen: Jeder Gottesdienst ist ein Christusfest. Denn dabei geht es am Ende nie um Lutheraner oder Katholiken oder Orthodoxe, sondern immer um Christus selbst. Kein anderer hat das deutlicher gesagt als Martin Luther. In der Vorrede zu seiner Bibelübersetzung sagt er: „Erstens bitte ich, man wolle von meinem Namen schweigen und sich nicht lutherisch, sondern einen Christen nennen. Was ist Luther? Ist doch die Lehre nicht mein! Ebenso bin ich auch für niemanden gekreuzigt. St. Paulus … wollte nicht leiden, daß die Christen sich paulisch oder petrisch hießen, sondern Christen. Wie käme denn ich armer stinkender Madensack dazu, daß man die Kinder Christi dürfte nach meinem nichtswürdigen Namen nennen? Nicht so, liebe Freunde! Laßt uns tilgen die parteiischen Namen und uns Christen heißen, nach Christus, dessen Lehre wir haben."

Deshalb müssen wir uns als evangelisch-lutherische Kirche nicht gleich umbenennen. Aber ein konfessionalistisches Verständnis des Lutherisch-Seins ist damit ausgeschlossen. „Lutherisch-Sein" heißt eben nicht „Anti-Katholisch-Sein".

In der kraftvollen Tradition der Reformation sollen wir uns immer wieder neu auf den Weg zu Christus aufmachen. Es heißt, sich in eine Suchbewegung zu begeben, deren Orientierungspunkte nicht kontroverse Positionen, nicht Kirchentümer, nicht Konfessionen sind, sondern allein Christus selbst!

Wir beten nicht zu einem römisch-katholischen Gott, nicht zu einem orthodoxen Gott und auch nicht zu einem evangelischen Gott! Sondern wir beten alle zu dem einen Gott, der sich uns in Jesus Christus gezeigt hat.

Die Kirche ist keine gesellschaftliche Organisation, die irgendwann feierlich gegründet wurde. Es gab keine eindrucksvolle Gründungsversammlung, es wurde kein ehrwürdiger Vorsitzender gewählt und auch keine Statuten verabschiedet.

Die Kirche kommt von einem her, der ganz Mensch war, der seine Schwachheit, sein Zittern und Zagen, am Ende nur ganz in Gottes Hand legen konnte. Dem Sohn Gottes, der elendiglich am Kreuz gestorben ist. Der sich in seiner Auferstehung und Erhöhung als wahrer Gott erwiesen hat und dabei doch ganz wahrer Mensch geblieben ist. Von diesem auferstandenen Gekreuzigten kommen wir her.

Und dieser Auferstandene führt uns zur Einheit. Weil der Gestus der Macht, die Haltung der Selbstgewissheit und auch der Besitzanspruch über die Wahrheit nicht zu diesem auferstandenen Gekreuzigten passen. Weil dazu nur die Demut dessen passt, der um seine eigene Begrenztheit weiß.

„Wenn jemand der Erste sein will, dann soll er der Letzte sein von allen – und aller Diener“, hat Jesus zu seinen Jüngern – und auch zu seiner Kirche – gesagt!

Natürlich brauchen wir Institutionen. Auch in der Kirche muss es Zuständigkeiten und Verantwortlichkeiten geben, denn wenn wir ständig Entscheidungsabläufe diskutieren müssten, gäbe es vermutlich nur Chaos und ein Beziehungsknäuel, das Energien verschleudert, statt sie zu wecken. Aber Institutionen dürfen nicht verknöchern. Sie müssen sich immer wieder verändern. Das kann auch durch Personen geschehen. Schon als ich im Februar 2013 nur den Namen des neu gewählten Papstes hörte, ohne irgendetwas über ihn zu wissen, habe ich spontan tiefe Freude und Hoffnung empfunden. Wenn sich der mächtigste Mensch in der römisch-katholischen Kirche *Franziskus* nennt, noch dazu einer, der dem Jesuitenorden angehört, dann ist das Programm. Dann will er eine Veränderung seiner Kirche. Und die Zeichen, die seither aus dem Vatikan gekommen sind, haben mich in dieser Hoffnung nicht enttäuscht, sondern bestärkt. Auch für die Ökumene stecken darin neue Chancen. Die Menschennähe, die Papst Franziskus ausstrahlt, sein Eintreten für die Armen und für die Natur werden der ganzen Kirche Jesu Christi guttun. Sie wird in der katholischen Kirche, aber auch in den Kirchen aller anderen Konfessionen wieder deutlicher werden lassen, dass Institutionen kein Selbstzweck sind, sondern den Menschen dienen müssen. Ich teile nicht alle Meinungen des Papstes – aber sein Auftreten und sein Vorgehen sind auch für mich inspirierend.

Die Autorität, die wir als Kirchen haben, kommt nicht von Alleinvertretungsansprüchen. Sie kommt ganz aus dem Hören auf diesen gekreuzigten und auferstandenen Christus und aus dem, was wir anderen Menschen von ihm erzählen. Und je mehr wir als Kirchen mit unseren jeweils eigenen Traditionen auf diesen Christus hören, je mehr wir uns von ihm dazu bewegen lassen, neu aufzubrechen und andere einzuladen, desto mehr kommen wir zusammen.

In Busan haben die dort versammelten Vertreter von 500 Millionen Christen aus aller Welt 2013 eine lang vorbereitete Erklärung zur Einheit der Kirchen verabschiedet, die genau diesen Geist atmet. Als Vorsitzender der Arbeitsgruppe, die in den Tagen der Vollversammlung die Aufgabe hatte, die Änderungswünsche aus dem Plenum in den Text aufzunehmen, habe ich hautnah mitbekommen, wie unterschiedlich die Perspektiven in den Kirchen der Welt sein können. Trotzdem ist es uns gelungen, am Ende einen Text zu formulieren, der von der Vollversammlung ohne jede Gegenstimme verabschiedet wurde. Darin heißt es: „Nur wenn Christen durch Gottes Geist versöhnt und erneuert werden, wird die Kirche ein authentisches Zeugnis für die Möglichkeit eines versöhnten Lebens aller Menschen und der ganzen Schöpfung ablegen können … Wir bekräftigen den Platz der Kirche in Gottes Heilsplan und bereuen die Spaltungen zwischen und innerhalb unserer Kirchen, wir bekennen voll Schmerz, dass unsere Uneinigkeit unser Zeugnis für die Frohe Botschaft von Jesus Christus untergräbt und unser Zeugnis dafür, dass die Einheit Gottes Wunsch für alle ist, weniger glaubwürdig erscheinen lässt. Wir bekennen, dass wir versagt haben, Gerechtigkeit zu üben, für Frieden einzutreten und die Schöpfung zu bewahren. Trotz unseres Versagens ist Gott treu und vergibt, er ruft uns weiterhin zur

Einheit auf. Wir glauben an Gottes schöpferische und erneuernde Macht und sehnen uns danach, dass die Kirche tatsächlich ein Vorgeschmack, ein glaubwürdiges Zeichen und eine wirksame Dienerin des neuen Lebens ist, das Gott der Welt schenkt. In Gott, der uns zu einem Leben in Fülle ruft, werden unsere Freude, unsere Hoffnung und eine Leidenschaft für Einheit erneuert."

Ich wünsche mir, dass wir als Katholiken, Orthodoxe und Evangelische, als Menschen aus Landeskirchen und Freikirchen eine neue Leidenschaft für die Einheit entwickeln, so, wie sie diese Erklärung beschreibt. Und dass die ökumenische Bewegung, in der wir uns treffen, als Umkehrbewegung – hin zur Einheit – erkennbar wird.

500 JAHRE REFORMATION – EIN GROSSES CHRISTUSFEST

Vor einer Weile bekam ich eine Mail von der Theologischen Fakultät in Stellenbosch/Südafrika. In der Betreffzeile stand, ziemlich untypisch für meine sonstige Arbeit: „Playmobil". Der Kollege gratulierte mir zu einer Nachricht, auf die er im US-Magazin „Newsweek" gestoßen war: Das Tourismusbüro Nürnberg hatte in Zusammenarbeit mit der Evangelisch-Lutherischen Kirche in Bayern eine Playmobil-Figur von Martin Luther produzieren lassen, die auf ein sensationell großes Interesse gestoßen ist. Schon nach 72 Stunden war die erste Lieferung von 34 000 Stück vergriffen, 50 000 weitere wurden nachgeliefert. Die Luther-Figur mit Feder und Thesenpapier in der Hand hatte tatsächlich einen Verkaufsrekord aufgestellt.

Dieser erstaunliche Vorgang hat einmal mehr gezeigt, welch großes Interesse das Reformationsjubiläum 2017 zu finden verspricht. Ich wünsche mir, dass das Jubiläumsjahr 2017, in dem wir 500 Jahren Reformation feiern, zu einem Neuaufbruch der ganzen Christenheit beiträgt – in dem wir uns neu bewegen lassen vom Geist Jesu Christi. Dass es auch ein Jahr wird, in dem wir Buße tun für alle Versäumnisse, für Streit und Krieg und all das, was Trennungen zwischen uns als Kirchen vertieft statt überwindet. Dass es ein Jahr wird, in dem wir alle geistige Enge hinter uns lassen, weil sie nicht zur Dynamik des Heiligen Geistes passt. Ein Jahr, in dem wir die Wahrheit ernst nehmen und deswegen auch um die Wahrheit streiten, aber alle kleinkarierten wechselseitigen Verteidigungshaltungen hinter uns lassen. Ein Jahr, in dem wir ernst nehmen, dass Christus nicht zerteilt ist, sondern uns ruft – und, weil er uns ruft, zur Einheit ruft!

Das ist auch der Grund, warum wir als Evangelische Kirche in Deutschland unsere ökumenischen Geschwister der anderen christlichen Konfessionen eingeladen haben, das Reformationsjubiläum 2017 als Christusfest zu begehen. Jahrhundertelang war der Reformationstag Anlass zur Abgrenzung der Konfessionen. Dies soll 500 Jahre nach dem Thesenanschlag Martin Luthers nicht so sein. Wir als evangelische Christen wollen 2017 ganz bewusst mit Katholiken und Orthodoxen als Christusfest begehen, das die Botschaft von der freien Gnade Gottes transportieren soll. Zahlreiche Veranstaltungen haben wir bereits jetzt geplant, darunter eine gemeinsame Reise der Deutschen Bischofskonferenz und des Rates der Evangelischen Kirche Deutschlands ins Heilige Land, also zu den gemeinsamen

Quellen unseres Glaubens. 2017 wird es einen Versöhnungsgottesdienst in Berlin geben und übers Jahr verteilt viele gemeinsame Festlichkeiten.

Die Welt soll sehen können, dass wir als Kirchen den Christus ausstrahlen, von dem wir sprechen. Gelassenheit, die jemand hat, wenn er weiß, dass er sein Leben in Gottes Hand legen darf. Vertrauen, das da ist, wenn einer sich darauf verlassen darf, dass Gott mit uns durch die finsteren Täler geht und uns immer wieder zum frischen Wasser führt. Freude, die Menschen empfinden, wenn sie wissen, dass sie Erlöste sind. Hoffnung, die uns keiner nehmen kann, weil wir von der Auferstehung wissen und schon jetzt vor uns sehen, wie Gott alle Tränen abwischen und einen neuen Himmel und eine neue Erde schaffen wird.

Und wir wollen wahrnehmen, wie Christus uns in den Geringsten unserer Brüder und Schwestern begegnet, und verstehen, was es für uns bedeutet, wenn wir sagen: Christus macht uns neu.

Dann begegnen wir den Fremden mit Offenheit statt mit Abwehrreflex. Wir lernen unser Hab und Gut als Geschenk Gottes verstehen anstatt nur als eigenen Besitz und gewinnen so die Freiheit, ihn mit anderen zu teilen, die weniger damit gesegnet sind als wir. Wir kommen aus unserer eigenen Selbstverkrümmung heraus, wir überwinden die Herabsetzung der anderen oder gar den Hass gegen sie, und wir nehmen wahr, dass die anderen genauso verletzlich sind wie wir. Und dass sie genauso geliebt und angenommen sein wollen wie wir. Wir spüren tief in unserer Seele, dass es Christus ist, der uns treibt, und nicht der Ehrgeiz zur Optimierung unseres moralischen Punktekontos! Wir wissen: Auch bei noch so großen moralischen Anstrengungen können und müssen wir nicht vollkommen werden. Wir können nur aus der Vergebung dessen leben, der all unsere Unvollkommenheit auf sich selbst genommen hat. Aus und von der Liebe Christi, die stärker ist als alles, was wir ihm selbst und den geringsten seiner Brüder und Schwestern schuldig bleiben.

Das alles neu zu begreifen – das wäre ein wahres Christusfest!

Ich wünsche mir, dass eine Kirche sichtbar wird, die ausstrahlt, wovon sie spricht. Eine Bewegung, die nicht nach innen gekehrt ist, sondern alle neu einlädt. Eine Gemeinschaft, die geistliche Ausstrahlung und radikale Liebe zur Welt miteinander verbindet. Eine Kirche, die sich auf klarer theologischer Basis in den zivilgesellschaftlichen Diskurs einbringt. Eine Kirche, die gerade dadurch moralische Kraft hat, dass sie allen Moralismus überwindet. Eine Bewegung, die aus der Freiheit lebt. Und die in einer manchmal so düster erscheinenden Welt zur Kraftquelle der Hoffnung wird. Das ist die Kirche, die wir sein wollen. Lasst uns alle miteinander dazu beitragen, dass davon 2017 etwas sichtbar und spürbar wird!

FEUER. Was ist es, das am Osterfeuer so fasziniert? Es ist ganz bestimmt das helle Licht in der Dunkelheit, das von dem Feuer ausgeht. Es rührt in uns die Sehnsucht an, dass die Dunkelheiten, die wir in unserem eigenen Leben erfahren, oder die Dunkelheiten, die uns in der Welt jeden Tag vor Augen treten, nicht das letzte Wort haben. Dass – wie es der Prophet Jesaja so wunderbar gesagt hat – denen, „die im Finstern wandeln", ein großes Licht scheint.

Von dem Osterfeuer geht auch Wärme aus. Wir machen in unserem Leben Erfahrungen, die uns frösteln lassen. Erfahrungen der Rücksichtslosigkeit, Erfahrungen der Teilnahmslosigkeit, Erfahrungen der sozialen Kälte. Gerade in diesem Jahr sind wir mit Fassungslosigkeit und Zorn Zeugen von Übergriffen rechtsradikaler Gewalttäter gegen Flüchtlingsheime geworden. Wir haben das Feuer, das sie gelegt haben, als zerstörerische Kraft erlebt – als Symbol für eine Kälte, Leben zerstörend.

Wie anders ist da das Osterfeuer! Es ist die Quelle des Lebens! Von ihm geht eine Wärme aus, die Leben fördert, die für Empathie und menschliche Nähe steht.

Das Feuer ist ein Ort der Gemeinschaft. Es zieht Menschen an. Sie sitzen um das Feuer herum und kommen sich nahe.

Erzählen aus ihrem Leben. Diskutieren miteinander. Stellen kritische Fragen über Gott und die Welt. Gerade die jungen Menschen, die nicht alles so hinnehmen, wie es schon immer war. Zum Glück!

Das alles kann man an einem Feuer erleben. Beim Osterfeuer hat es einen Grund, der über alle Lagerfeuerromantik hinausgeht. Christus ist auferstanden! Der Tod hat seine Macht verloren! Das Leben hat gesiegt! Und keiner kann das mehr umdrehen. Die Tränen werden abgewischt werden. Es wird kein Leid mehr sein noch Geschrei. Alles wird neu.

Die Funken sprühen in den Nachthimmel. Ich sehe ihnen nach, wie sie davontanzen. In der Gemeinschaft mit anderen Christinnen und Christen ist es so greifbar, steht es mir so klar vor Augen, wie wir alle zum Funken werden können, zu leuchtenden Zeichen des Glaubens.

Eine Freundin hat mir einmal ein aufwendig gerahmtes Bild geschenkt – mit einem auf Pergament geschriebenen Spruch. Es hängt bis heute in unserem Wohnzimmer: „Die größte Versuchung ist es, den Traum mit der Realität zu verwechseln. Die größte Niederlage, Träume zugunsten der Realität aufzugeben."

Dieser Spruch ist mir als weltlicher Kommentar zu einem Wort Jesu wichtig geworden, das mich seit langem begleitet: „Siehe, das Reich Gottes ist mitten unter euch." (Lukas 17,21) Weil mit Christus als Begleiter durchs Leben das Reich Gottes jeden Tag unter uns ist, deswegen ist das Engagement für eine Welt, in der alle Menschen in Würde leben können, keine Traumtänzerei. Es ist der Normalfall des uns zugedachten

Lebens, den Jesus in seinen Gleichnissen des Himmelreichs immer wieder beschreibt. Alles, was dahinter zurückbleibt, ist und bleibt ein Ausnahmezustand.

Der Funkenflug des Osterfeuers wird seine Wirkung nicht verfehlen. Er wird den Glauben neu entfachen, neue Begeisterung für die Botschaft des Evangeliums schaffen.

Das ist meine Hoffnung.

Eva Jung
die mit ihrem Team dieses Buch gestaltet hat, ist Kommunikations-Designerin aus Hamburg. Sie ist Mitglied im Art Directors Club Deutschland und hat im Laufe der Jahre zahlreiche nationale und internationale Kreativ-Preise gewonnen.
www.godnews.de

Heinrich Bedford-Strohm

Jahrgang 1960, ist seit 2011 Landesbischof der Evangelisch-Lutherischen Kirche in Bayern und seit November 2014 Ratsvorsitzender der Evangelischen Kirche in Deutschland. Bedford-Strohm ist verheiratet mit der Psychotherapeutin Deborah Bedford-Strohm und Vater von drei Söhnen.

MIX
Papier aus verantwortungsvollen Quellen
FSC® C014496

Verlagsgruppe Random House FSC® N001967
Das für dieses Buch verwendete Papier ist FSC®-zertifiziert.

1. Auflage Oktober 2015
Bestell-Nr. 835072
ISBN 978-3-86334-072-8

Redaktionelle Mitarbeit: Bettina Klee und Stefan Wiesner
Gestaltung Schutzumschlag, Buchdecke und Kapitelauftaktseiten:
gobasil GmbH, Eva Jung
Satz: Uhl + Massopust, Aalen
Druck: GGP Media GmbH, Pößneck
Printed in Germany